基于学科核心素养的
小学音乐欣赏课的
构建与实施

陈枫堰 / 编著

中国出版集团 现代出版社

图书在版编目(CIP)数据

基于学科核心素养的小学音乐欣赏课的构建与实施 / 陈枫堰编著. — 北京：现代出版社，2021.12

ISBN 978-7-5143-9650-8

Ⅰ. ①基… Ⅱ. ①陈… Ⅲ. ①音乐课—教学研究—小学 Ⅳ. ①G623.712

中国版本图书馆CIP数据核字（2021）第262840号

基于学科核心素养的小学音乐欣赏课的构建与实施

作　　者　陈枫堰
责任编辑　窦艳秋
出版发行　现代出版社
地　　址　北京市安定门外安华里504号
邮政编码　100011
电　　话　010-64267325　64245264
网　　址　www.1980xd.com
电子邮箱　xiandai@cnpitc.com.cn
印　　制　北京政采印刷服务有限公司
开　　本　710mm × 1000mm　1/16
印　　张　12
字　　数　192千字
版　　次　2021年12月第1版　　2021年12月第1次印刷
书　　号　ISBN 978-7-5143-9650-8
定　　价　45.00元

目录
CONTENTS

上篇 理论篇

第一章 音乐学科核心素养概述

第二章 小学音乐欣赏教学的构建策略

第三章　小学音乐欣赏教学的教学方法

第四章　小学音乐欣赏教学的有效评价

第五章　小学音乐欣赏与信息技术的深度融合

下篇 实践篇

上篇
理论篇

第一章　音乐学科核心素养概述

一、勾勒核心素养概念

核心素养是当前世界范围内教育界关注的焦点，也是各国政府在进行教育改革与课程改革时密切关注的热点。从古到今，不同时代的思想家及学者都曾围绕人应该具备的核心素养进行深入而全面的讨论。

（一）国际上对核心素养的界定

经济合作与发展组织早在20世纪90年代就开始推行“国际学生评价项目”，并于1997—2005年实施了大规模的跨国研究项目——“素养的界定与遴选：理论框架与概念基础”，成为有关核心素养最有代表性的项目。

联合国教科文组织充分征求了全球500余名专家、学者的意见，提出检测学生学习成果的七个维度。这七个维度分别是：身体健康、社会情绪、文化艺术、文学沟通、学习方法与认知、数字与数学、科学与技术。

随后，欧盟各国、美国、英国、法国、澳大利亚、日本等国依照本国情况，对核心素养进行了界定，并就核心素养的内涵与应用进行了梳理，广泛应用于教育教学中。

上述组织与国家对核心素养的界定虽然表述各不相同，也各有侧重，但不可否认，都重视学生关键的、必要的、重要的学科素养，能够为学生深入学习、终身学习打下坚实的基础。

（二）国内对核心素养的界定

我国基础教育课改20年来，从“双基教学”到“三维目标”再到如今的“核心素养”，这些目标已经成为每个时代的缩影，是发展进程的时代印记。它是教育专家们蹚水过河、锐意进取的成果，也是无数一线教育工作者在思考中提炼、在实践中探索、在探求中进步的结晶。

2014年3月30日，教育部正式印发的《关于全面深化课程改革　落实立德树人根本任务的意见》中，明确把核心素养的内涵界定为“学生应具备的适应终身发展和社会发展需要的必备品格和关键能力”。自此，核心素养体系被置于深化课程改革、落实立德树人目标的基础地位，成为下一步深化工作的关键因素。

2016年9月13日，核心素养课题组历时三年集中攻关，并经教育部基础教育课程教材专家工作委员会审议，最终形成中国学生发展核心素养研究成果。

（三）中国学生发展核心素养的内核

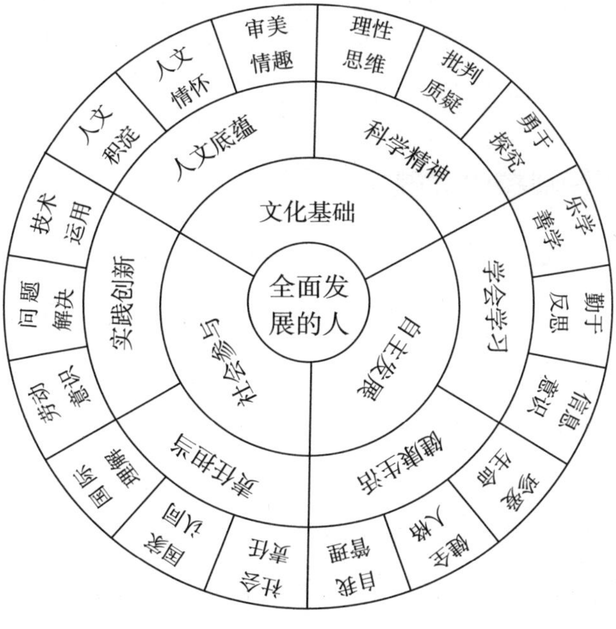

中国学生发展核心素养

正式发布的“中国学生发展核心素养”以培养“全面发展的人”为核心，分为文化基础、自主发展、社会参与三个方面，综合表现为人文底蕴、科学精神、学会学习、健康生活、责任担当、实践创新六大素养，具体细化为国家认同等十八个基本要点。各素养之间相互联系、相互补充、相互促进，在不同情境中整体发挥作用。为方便实践应用，将六大素养进一步细化为十八个基本要点，并对其主要表现进行了描述。根据这一总体框架，可针对学生的年龄特点进一步提出各学段学生的具体表现要求。

（四）中国学生核心素养构建的路径

教育部基础教育二司司长郑富芝介绍，构建核心素养，重点要解决两个问题，“一是把对学生德智体美全面发展总体要求和社会主义核心价值观的有关内容具体化、细化，转化为具体的品格和能力要求，进而贯穿到各学段，融合到各学科，最后体现在学生身上，深入回答‘培养什么人、怎样培养人’的问题。二是为衡量学生全面发展状况提供评判依据，引导教育教学评价从单纯考查学生的基本知识和基本技能转向考查学生的综合素质”。

可以说，核心素养体系的构建，成为顺应国际教育改革趋势，增强国家核心竞争力，提升我国人才培养质量的关键环节。

二、音乐学科核心素养

中国学生发展核心素养作为党的教育方针的具体化和细化，是所有科目课程教学合力追求的育人价值，也为各个学科课程标准的制定指明了方向。它既是一门学科对学生发展核心素养的贡献和作用，又是学科教育价值在学生身上的具体落实；它指明了学科与评价的方向，规划并引领学科教育教学的实践。

《普通高中音乐课程标准（2017年版）》将审美感知、艺术表现和文化理解确定为音乐学科核心素养。这三个方面的具体内容既分类有别，又互相关联，共同为培养学生关键能力与重要观念的建立服务。2020年，中共中央办公厅、国务院办公厅下发的《关于全面加强和改进新时代学校美育工作的意见》中指出：美是纯洁道德、丰富精神的重要源泉。美育是审美教育、情操教育、心灵教育，也是丰富想象力和培养创新意识的教育，能提升审美素养、陶冶情操、温润心灵、激发创新创造活力。在学生掌握必要基础知识和基本技能的基础上，着力提升文化理解、审美感知、艺术表现、创意实践等核心素养，帮助学生形成艺术专项特长。

可以说，“文化理解、审美感知、艺术表现、创意实践”已经成为新时代美育工作和培育学生核心素养的着力点与突破口。

（一）文化理解

文化理解能力是音乐学科核心素养的重要组成部分，音乐是文化的重要组成部分，学生只有深入了解其背后的历史、文化背景，才能了解音乐的风格与特点，所有的音乐作品都是在文化中生成、在文化中发展的。早期的音乐在劳动与宗教中产生，满足了当时人们的精神需求和审美情趣。同样，随着人类的进步，多元化的音乐元素逐渐加入，世俗化、个性化音乐的逐渐深入，音乐变得更加多姿多彩。

音乐具有时代性，它能真实反映某个特定时期人的思想情感、喜怒哀乐；音乐具有地域性，不同地域产生的音乐，一定具有其独特的音乐风格；音乐具有民族性，各个民族植根在不同的地理环境中，有着不同的生产方式和生活方式、语言习惯，从而形成艺术作品的基本元素……

乡音难改、乡风乡情，民族音乐文化的精髓已经深深地融化在人的血液中，成为当地、当时人的共同记忆，是镶嵌在音乐文化大家园中的一颗颗璀璨明珠。

所以，为了能让孩子们深刻地理解音乐，教师必须对所欣赏曲目的内在人文因素有深入的了解，只有深入了解背后的文化内涵，才有可能抓住音乐的特点，带领孩子们走进音乐。

例如，六年级上册音乐欣赏《阿细跳月》，要想让同学们准确把握音乐的特点，应先对“阿细跳月”有初步的认识。

我们可以从三个方面制作短视频：第一，“阿细跳月”是彝族阿细人代表性的民族民间舞蹈，因多在月光下的篝火旁起舞，故名“阿细跳月”；第二，“阿细跳月”参加者少则十几人，多则上千人，多在祭祀、节日、盛典时表演，它集歌、舞、乐于一体，有规范的舞步和套路；第三，节奏热烈欢快，动作豪放粗犷，伴随矫健的脚步，形成了“一呼一应”“一唱众和”的热闹场面。

短短几分钟的视频，孩子们对彝族有了初步的认识，对“阿细跳月”这种音乐体裁也有了相当的了解，为后期进一步教学奠定了坚实的基础。

（二）审美感知

著名艺术家罗丹说：艺术就是感情。音乐教育作为美育的重要途径之一，其物质就是情感审美。从某种意义上说，音乐审美的重要特质就是“以情感人、以美育人”。在感知、发现、表现与创造中，获得审美的感受与心灵的共鸣。

但学生的审美能力不是与生俱来的，它需要在不断地学习与体验中提升、发展。这就要求教师站在高位、把握全局，厘清课程设计脉络，明确教学方向，确定教学目标。

1. 要具备“课标是引领”的概念

如果把音乐教学比喻成一辆行驶的汽车的话，“课标”便是汽车的方向盘，它决定着教学的目标与方向。所以，我们在开展音乐教学时，一定要深刻把握课标。只有在课标的指引下，才能回答出教学的基本要素——教什么？怎么教？

例如，小学一年级第1课便是著名管弦乐合奏《玩具兵进行曲》，很显然，这只要求孩子们能静下来听音乐，能踏着节拍齐步走，训练孩子们对音乐的初步感知就可以了。如果教师硬要对该乐曲进行曲式分析，分析音乐的变化、情绪的对比，显然就违背课标的要求了。

所以，我们一定要具备全局观念，能根据学生的生理特点与学习能力设置相应的教学内容。

低年级：欣赏教学应该以听辨音乐情绪为主，能根据音乐的情绪、速度、力度进行相应的音乐活动。

中年级：除了听辨音乐的情绪以外，还需要认识常见的民族乐器、西洋乐器，能对乐曲结构进行分析。

高年级：要更加理性地学习乐曲，通过认识民族管弦乐队、西洋交响乐队等，开始了解更为复杂的乐曲织体变化与色彩变化、音乐风格。

2. 要具备“教材是依据”的定位

音乐教材是由国内众多音乐教育专家、学者、一线音乐教师共同研究、编写的，是各种教学经验的结晶。教材内容的选定绝对不是“拿来主义”、随便拼凑的，而是经过认真的研究和论证。因此，教师要深挖其中的精髓，透彻理解音乐教材。

在教学中，教师一定要深入了解编者意图，理解该乐曲背后的音乐要素与音乐文化，明确本节课应该达成的目标与要解决的问题。只有这样，才能引导学生稳步提高；只有这样，才能让学生不断进步，体验到成功的愉悦感、满足感与获得感，从根本上解决“我喜欢音乐，但不喜欢上音乐课”的难题。

3. 要契合“身动到心动”的规律

音乐欣赏教学最终的目的还是要回归到“静静倾听、默默感受”。就如同优雅地坐在音乐厅的倾听者，虽然表面“心如止水”，但内心早已“波涛汹涌、心潮澎湃”了。

但这需要一个过程，为了达到这个理想的目标，还需要遵循教学的基本规律，那便是“身动到心动”的过程。

所以，应根据学生的心理特点，为低年级学生多设计相应的节奏乐器的伴奏、律动等音乐活动，让学生在活动中学习音乐。中年级学生能够根据音乐的特点，加入更加丰富多彩的多元素音乐活动；高年级学生则过渡到先倾听，自己设计动作表演，能进行理性的音乐分析，逐步进入“心动”境界。

（三）艺术表现

艺术表现是形式，学生只有通过艺术表现（包含演唱、演奏、舞蹈、曲艺等），才能展现音乐之美、体验音乐之美。

音乐的表现既是音乐的基本特性，也是学习音乐的基本路径，它是音乐学科教学的个性所在，没有表现的音乐课就像鱼儿没有水一样，干涩无味，是违背学科教学规律的教学。我们只有在做中学、练中学、用中学，只有通过会唱、会奏，才能丰富我们的情感，提升学生的音乐素养。

在教学中，教师尽量把音乐教学过程设计成一个有利于学生主动参与的音乐活动，充分调动学生的听觉、动觉、视觉、感觉、知觉，使学生主动积极地感知和体验音乐之美。

1. 在模仿中提升表现能力

《义务教育音乐课程标准（2011年版）》指出，“模仿是音乐教学过程中常用的，又很有效的方法”，特别是对于中低年级学生来说，由于他们刚进入音乐学习中，还很缺乏音乐的语言，从而决定他们主要的学习方式应该就是模仿。在音乐欣赏实践活动中，学生通过观察、练习、对比进行模仿学习，不断积累学习经验。

模仿的方式有很多。例如：

音效模仿。低年级欣赏课例《狮王进行曲》，为了让学生更加身临其境地体会钢琴模拟狮王的吼叫声，可以让学生也直接模仿狮子的吼叫声。在模仿中，既满足了学生的表现欲望，又真实地体会到“由弱到强，再由强到弱”的力度变化。

动作模仿。在教学欣赏课例《加伏特舞曲》时，首先，让学生跟着教师跳加伏特舞曲，感受舞曲的韵律特点。其次，让学生边拍手边模唱最后的尾音，从而抓住加伏特舞曲的特点，这样可以让学生在模仿中得到提升和发展。

旋律模仿。欣赏一首主题很鲜明的乐曲时，对主题音乐的记忆往往是音乐欣赏的重要内容，旋律模仿也成为音乐教学中的重要内容。如《狮王进行曲》，对旋律的模唱既能让学生感受到狮王威武、神气的一面，又能加深对乐曲的理解与记忆。

2. 在探究中提炼音乐要素

音乐的基本要素包括力度、速度、音色、节拍、节奏、旋律、调式、和声等，一些音乐要素组合在一起共同作用，构成了完整的音乐作品。分析作品中的音乐要素，寻找其中最有特色的因素，是把握音乐作品风格、解读作品内涵最有效的方法。把握音乐特色后，才能更好地学习音乐、表现音乐。

例如，欣赏芭蕾音乐《四小天鹅舞曲》时，教师应该先引导学生熟悉乐曲旋律，了解芭蕾舞音乐的基本特点——风格典雅，速度中庸，能描绘许多礼仪上的动态。然后让学生学习芭蕾舞的基本手位、舞步，这样，学生就能准确把握音乐特点，达到事半功倍的效果。

（四）创意实践

创意实践是拓展，作为内容标准中的一个特定内容，对培养学生的创造性思维与创新能力具有重要意义。

创意实践既是时代的要求，也是音乐学科应该具备的品格与能力。我们只有培养学生的创意实践能力，开发学生的创意实践思维，鼓励学生进行多维度、多形式的创意实践，才能让艺术教育散发出璀璨的光芒。

由于音乐的非语义性、非具象性特点，给音乐欣赏留下了无限的想象与创意实践空间，所谓“有多少观众，就有多少哈姆雷特；有多少听众，就有多少《田园》《英雄》”。

创意实践并不是凭空而来的，它应该是建立在对音乐的深刻理解之上，建立在情感共鸣与主动探索之中。虽然形式多样、种类繁多，但也要恰到好处、相得益彰。

例如，在教学《波斯市场》时，为了让学生更深入地了解音乐的特点，体会音乐内涵，将整首音乐设计为一个舞台表演剧。

（1）“驼铃声声”片段，让学生用骆驼动作，表现由远而近、由弱而强的效果。

（2）“乞丐悲歌”片段，让学生创编歌词，使音乐变得趣味横生。

（3）“公主巡游”片段，让学生创编纱巾舞，使弦乐器的声音伴随着舞蹈飘在学生的心中。

（4）“艺人炫技”“国王视察”片段，则让学生创编动作，模拟画面的情境，了解木管乐器、铜管乐器不同的音色。

整首乐曲充满了创意，并在实践中进一步深化音乐欣赏的层次，提升欣赏教学的质量。

文化理解、审美感知、艺术表现、创意实践各个维度，既独立存在，又相互联系，环环相扣，共同实现提升学生的音乐核心素养与关键能力的目标。

第二章　小学音乐欣赏教学的构建策略

音乐欣赏教学，作为音乐教学的重要载体之一，是音乐教学中的一个重要内容，是提高学生音乐素质的一种重要手段。

2020年，中共中央办公厅、国务院办公厅下发的《关于全面加强和改进新时代学校美育工作的意见》中明确指出：美育是审美教育、情操教育、心灵教育，也是丰富想象力和培养创新意识的教育。在美育教育工作中，应该在学生掌握必要基础知识和基本技能的基础上，着力提升文化理解、审美感知、艺术表现、创意实践等核心素养，帮助学生形成艺术专项特长。

《义务教育音乐课程标准（2011年版）》指出：感受与欣赏是音乐学习的重要领域，是整个学习活动的基础，是培养学生音乐审美能力的有效途径。良好的音乐感受能力与欣赏能力的形成，对于学生丰富情感、提高文化素养、增进身心健康具有重要的意义。

那么，如何在音乐欣赏教学中，积极采取有针对性的教学改革策略，引导学生深入体验、有效实践，践行和落实学生的音乐核心素养呢？

一、问题与现状

（一）教学目标不明确

教学目标是关于教学将使学生发生何种变化的明确表述，是指在教学活动中所期待得到的学生的学习结果。在教学过程中，教学目标起着十分重要的作用。教学活动以教学目标为导向，并且始终围绕实现教学目标而进行。

所以，要想让我们的音乐欣赏课变得生动、高效，首先必须把握教学这堂音乐欣赏课的意义与目的、价值与取向、方法与有效手段。只有教学目标明确，才有正确的方向；只有方法得体，才有高效的音乐课堂。在一线教师的课堂中常常存在以下几种偏向。

1. 定位不准，目标模糊

“遵循听觉艺术的感知规律，突出音乐学科特点”，这是音乐教育的重要指导思想。

音乐是听觉的艺术，听觉体验是音乐学习的基础，发展学生的音乐听觉应贯穿于音乐教学的全部活动中。音乐教学的不同领域，无论是欣赏还是唱歌、演奏和创作，都围绕“听”这个中心来进行。特别是欣赏教学，引导学生参与听觉体验、发展学生的音乐听觉是其中心环节。

在现实教学中，一些年轻教师把本来不属于本节课或本学科的教育任务硬搬到本堂课的教学中来，造成方向性错误，失去了音乐的学科特点。

例如，欣赏二胡独奏曲《空山鸟语》，本来的教学目标应该是让学生通过欣赏这首乐曲，了解二胡这种乐器，增强学生对民族乐器的热爱，而有的教师却偏偏要扯到爱护环境、保护野生动物上去。又如，在欣赏《中华人民共和国国歌》时，本来的教学目标应该是通过欣赏国歌进一步激发学生的爱国主义感情，为进一步学唱国歌打好基础，而有的教师硬将这堂音乐课上成了历史课、思想品德课。错位的定位、学科性的缺失，让我们的音乐欣赏课堂变得支离破碎。

2. 主次颠倒，缺乏内涵

主次颠倒，即将主要目标忽略了，而对其他次要目标花费大量的时间和精力来进行教学。特别是一些刚入职的教师，在设计教学目标时，并不是按编写者的意图，也没有关注大纲要求的标准，而是想当然地确定教学目标。

例如，欣赏西南民族音乐，必须加上葫芦丝，至于葫芦丝究竟对实现本课目标有何重要帮助，则在考虑之外；欣赏芭蕾舞曲，必然要讲芭蕾舞的发展及历史、芭蕾舞的手位及动作；学习京剧，必然要讲“唱、念、做、打”，要讲“生、旦、净、丑”。当然适当的了解与讲解是有必要的，但如果不明白本节课的主要目标，不分主次，生搬硬套，则往往会南辕北辙，得不偿失。

为什么会出现这种情况？究其原因，一是对音乐欣赏教学的目标和定位认识不够；二是对乐曲内涵的探讨和音乐要素的把握钻研不够透彻。在备课时，只是将教学用书中的教学目标抄过来，而没有深入思考这节课要达到何种效果，学生应从本课中收获什么。

3. 层次不分，阶段不清

在小学音乐教学中，通常分为高、中、低三个学段。每个学段都有自己的阶段性，由于学生年龄和学识的差异，因此对其要求也有所差异。

以低年级来说，懂得聆听、培养欣赏音乐习惯为这一学段的重点，有些教师却花很多精力放在学习音乐基本知识和乐理上；随着年龄的增长，高年级学生本应该在音乐欣赏的过程中渗透更多的音乐知识，让学生在音乐中去体会、感悟，形成自己的独特见解，有些教师却将课堂变成了“唱游课”，这样的结果就会造成学生机械、呆板地“随师而舞”，影响了学生的兴趣和欣赏水平的提高。

4. 思想不明，措施缺乏

没有目标的教学是无头苍蝇式的教学，而没有措施的实施，目标则成为一句空话。一个只有形式、没有指导思想、没有落实措施的教学目标则形同虚设，没有任何价值。

如在欣赏民乐合奏《丰收锣鼓》时，预设的目标是：通过乐曲欣赏了解民族管弦乐队的组成，体会丰收后的喜悦。但是教师没有站在全局的高度对整首乐曲进行总体梳理；也没有具体的对策，采用何种有效手段让学生乐于接受、积极参与，只是按部就班地对各段的结构进行周而复始的讲解与剖析，而对乐曲明显的四段体结构及所表达热烈欢快的情绪一带而过，毫无教学方法及手段。这样，老师讲了半天，学生对整首乐曲还是体会不深、感悟不强。

（二）教学方法不恰当

1. 欣赏即“听”

音乐是听觉的艺术，这句话不假，在音乐教学中，我们确实要引导孩子安静地聆听音乐，感受音乐的起伏变化，体验音乐所带来的喜怒哀乐。但是必须切合小学生的生理和心理特点，准确领悟“以学生为中心”的理念。其一，小学生生活体验较少，而音乐是一种无形与无语义的艺术形式，如果没有让他们亲身体验、亲自实践，他们很难获得思想上的感悟、情感上的共鸣。其二，活泼好动是孩子的天性。小学生天性活泼好动，让他们一节课安安静静地聆听，既不现实，也不符合规律。

2. 欣赏即“动”

有很多老师认为，既然小学生好动，那么就让他们在“动”中欣赏音乐，一节课又跳又唱，学生开心、老师舒心就行了，但这与欣赏教学的本意却背道而驰了。欣赏教学，就是有目的地去听，在活动中去感受。如果整个过程下来只有形式而没有内核，就失去音乐教学的本来意义了。

从表面上看，欣赏既不是“动”，也不是“静”，是一种矛盾的存在。实际上，应该是“度”的准确把握，教师要根据学生的实际情况，去设置教学流程、教学方式、教学手段。只要切合学生实际，让学生学得好、学得开心，又能达成教学目标，就非常考验教师的教学能力与教学水平。

3. 欣赏即“讲”

由于音乐的无语义特点，所以作为教师，非常担心学生理解不透，用大量的语言去讲解乐曲产生的奇闻趣事、作品背景，用大量的话语去诠释音乐的内涵，生怕学生听不懂。殊不知，音乐真正的魅力恰好来源于它的无语义性，这种无语义性才能触动不同倾听者的心声，才能与不同倾听者产生情感的互通与共鸣。

（三）教学形式不新颖

1. 没有处理好审美与“双基”之间的关系

审美是音乐教育的核心价值取向。以审美为核心，就是教师要带领学生去审视美、观察美、感受美、体验美、创造美等。很多教师在上课过程中特别注重审美，但是一讲到“双基”，就很容易与审美脱离。很多人把审美和“双基”作为一对矛盾，将审美与“双基”剥离开来。

其实，审美是一种情感体验，影响情感的因素是音乐要素在音乐中的表现。因此，审美和情感是紧密相连的。音乐要素的学习，包括音乐技能的学习，读谱技能与演唱技能都要在音乐体验和实践中去获得，音乐体验和实践的过程实际上就是审美的过程。没有知识技能的逐步提高，审美能力也不可能提高。所以，在以审美为核心的前提下，如何将“双基”有机融合是很重要的。

2. 没有把握好讲述与体验之间的关系

在现实课堂教学中，我们经常可以看到许多教师还停留在使用“填鸭式”灌输的教学手段上，没有发挥学生自主学习、探究学习的能力。讲得过多，学生体验、感受得少，就会失去思索、探究的能力。久而久之，学生便失去兴趣，不想再学了。

让学生主动探究，获取体验，强调学生情感、行为方面的主观参与，根据音乐艺术的表现特征、听觉特征，引导学生对音乐表现形式进行整体把握，领会音乐要素在音乐艺术听觉中的作用。它可以激发情感共鸣，活跃形象思维，增强班级互动，涵养音乐美感，引导学生享受音乐审美过程带来的愉悦感，理解与体悟音乐的感性特征和精神内涵。

3. 没有运用好循序渐进的手段

教育界有句话叫作“跳一跳，摘果子”。我们认为，这句话蕴含以下几个方面的内容。

（1）要有果子。果子即知识、技能、体验，如果一节课下来，内容缺乏、形式单一、学与不学没什么区别，这样的课堂是不可取的。

（2）要引导跳一跳。每一次课堂都能推动学生的进步、每一个活动都能促进学生的发展，这样就能让孩子们有获得感、成就感。学生就是在不断的获得中取得进步的。

（3）要学生够得着。设计的内容与活动，要让学生够得着。太难，学生学不到，自然就失去了学习的兴趣；太容易，不跳都能够得着，则缺乏挑战性，太过乏味，久而久之，学生也不会有学习的兴趣。

总之，作为音乐学习活动的基础——音乐欣赏课教学，应该是音乐教学中最有活力、最生动的教学领域，也是最能培育和提升学生音乐素养的教学行为。但是，如果目标不明确、教学形式单一、教学方法不当，也将成为音乐教学中的难点与痛点，成为学生学习的“鸡肋”，食之无味、弃之可惜。

欣赏教学应该立足于作品本身所蕴含的音乐文化、音乐风格，引导学生体验作品所表达的思想情感，感知作品结构，感受音乐各要素的表现作用，熟悉音乐主题。在聆听过程中学习相关的音乐知识，培养相对应的音乐技能，养成良好的欣赏音乐习惯。

二、策略与方法

综上所述，音乐欣赏应立足于对教学目标的准确把握、对音乐内涵的深刻理解、对音乐要素的精确提炼、对教学方式的有效应用，才能将欣赏课堂上好、上活，才能让学生沉浸其中，受用一生。

（一）教什么

“教什么”是教学的内容与目标。

欣赏来源于音响，来源于音乐。只要乐（歌）曲一出现，必定有音高、节奏、节拍、旋律、曲式结构、演奏乐器等。那么，作为一个教学的全过程——欣赏教学课堂，到底教什么？是教其中的一个方面，还是面面俱到？

这恰恰是一线教师最不容易把握，也是最缺失的一块。

1. 教学内容如何选定

一般来说，教学内容涵盖音乐教材本身提供的音乐材料，当然还包括我们在教学过程中，为了教学需要重组或辅助的教学元素。课时教学内容的确定是进行教学设计的第一步，决定了课时教学的核心内容，也影响着教学目标及教学方法的确定。

（1）基于教材本身的思考。

教材是基石，如果把整个音乐教学比作“一段美妙的旅程”的话，课程目标是“目的地”，课程标准是“方向盘”，那么教材就应该是“车辆”，是“车的本身”。我们只是驾驶这辆车，走好每一段路，才能行稳致远，到达胜利的彼岸。

在中国的音乐课堂上，教材有很多版本，如人音版、人教版、苏教版、湘教版、粤教版等。但无论哪个版本，它都必然紧扣课程标准，都有一个清晰的方向与目标，选用内容都根据学生的心理、生理发展的基本规律而设定。因此，教师一定要深刻领悟教材设计初衷，厘清教材设计脉络，把握教学内容所应该达成的课堂目标及阶段性目标。只有这样，才能引导学生循序渐进、稳步提高；只有这样，才能让学生不断进步，有成功的愉悦感、满足感与获得感。

教学内容不仅包括教材内容，还包括师生在教学过程中实际活动的全部。如果说教材是我们进行教学设计的文本依据，那么教学设计则是把教材转化为动态行为的过程。

基于此，我们可以发现，教学内容其实不仅仅是音乐作品，虽然说音乐作品是音乐课堂教学的内容，但深挖作品中所蕴含的丰富音乐内涵，应该成为我们音乐课堂教学的核心内容。

（2）教学内容如何挖掘。

俗话说：小切口，大作为。摆在一线教师面前的难点是，要想将一首音乐作品教好，它的切入点在哪里？如何才能既有整体的把握，又有要点的突破？这便考验教师的“案头”功夫、备课能力，找准突破口，把握切入点尤为重要。

① 从音乐的作品主题入手寻找“突破口”。

音乐主题是一首（部）音乐作品中最主要的乐思，即音乐的核心部分。它是音乐思维的“种子”，多以歌唱性较强的旋律形式出现，有个性鲜明、表现力强、音意比较完整与概括等特点。

优秀的音乐主题都蕴含着十分丰富的思想内涵，富有歌唱性的旋律，给欣赏者以深刻印象。记忆音乐主题是音乐学习的重要内容，也是欣赏者首先必须掌握的要领。

如法国著名作曲家圣–桑的《狮王进行曲》，其主题音乐用沉重有力的顿音、雄厚低沉的旋律，展现了“万兽之王”威风凛凛的神态和坚实的步伐。如此鲜明的主题，如此流畅的旋律，可以通过图形谱、歌唱等形式，让学生牢记主题音乐。

② 从音乐的基本特征入手寻找“突破口”。

一首伟大的音乐作品能流传于世，成为经典之作并载入中小学教科书，必然有其鲜明的特征，有其脱俗而独特之处。作为音乐教师，一定要能抓住这些特征，并以此为“突破口”，盘活整首乐曲的学习。

例如，欣赏中国名曲《阿细跳月》，就一定要抓住两个方面的特征。其一，全曲由一个乐段演变而来。所有的旋律都源于主题，随后或音区发生变化，或演奏乐曲不同，或速度、色彩发生变化，引导学生去探求这些变化，便成为“解开音乐奥秘”的钥匙。其二，乐曲改变了原有的结构，形成由3/4+2/4的5/4节拍，造成“一唱一和、一呼百应”的歌舞场面。

这些便是音乐的特征，从这些特征入手，便成为教学的突破口。

③ 从音乐的曲式结构入手寻找“突破口”。

曲式指的是（歌）乐曲的基本结构形式。曲式结构是乐曲的结构形式，是指曲调在发展过程中形成各种段落，根据这些段落形成的规律性，从而找出具有共性的格式。解读曲式结构是对作品“轮廓”做一个全面的分析，了解作品的架构体系，是解读作品的第一步。

由曲式结构划分出来的段落，可以衍生出情绪的变化、速度的对比、力度的对比、音区的对比以及曲式的各项分类，如单段体、反复三段体、回旋曲式、变奏曲式、奏鸣曲式、套曲等。

这些最基本的音乐要素为我们进行音乐欣赏提供了很好的切入点，我们通过对曲式段落的分析，既能化难为简、归类分析，又能通过速度、音区、音色等变化，让学生深入学习音乐。

④ 从辨认音色乐器入手寻找“突破口”。

作为小学生，认知能力还不强，音乐知识并不丰富，对各种音色（含人声、器乐）的辨认是小学生音乐欣赏的一个重要部分。

例如，通过学习《吉祥三宝》，学生能分辨男声、女声、童声的不同音色；通过学习歌曲《春风》，能辨别出齐唱与合唱的不同之处。

在整个小学阶段，我们还要学习笛子、柳琴、中阮、二胡、小提琴、大提琴、小号、圆号、长号以及民族管弦乐队、西洋管弦乐器等。

对这些乐器的认识与音乐辨认，也成为我们欣赏教学的有力切入口，为我们提供了丰富的音乐素材。

⑤ 从作品体裁形式入手寻找“突破口”。

任何一部音乐作品都是特定形式与特定内容的有机结合体，在众多音乐作品中，虽然每位作曲家的表现方法与风格不尽相同，但体现的共同情感及艺术特征是一致的。这种作曲家约定俗成和相对独立的固定形式，即为音乐的体裁与形式。

进行曲一般节奏清晰，节拍规整，且常用4/4或2/4拍子；多用均衡、对称、方正型结构，旋律多雄壮有力、刚健豪迈，结构严谨、节奏鲜明，表现的是雄壮、振奋、步调一致的精神。

摇篮曲一般都具有安宁、亲切、温存、抚爱、真挚的特点；曲调抒情、优美、静谧；旋律比较平稳，音域适中，不用过高或过低的音，起伏不大；节奏、节拍不强调重音，但律动整齐，以适应表现摇篮徐缓、摇曳的特点。

舞曲一般都具有特性鲜明的节奏。不少舞曲（特别是民间舞曲）还要求由某些特殊的乐器或唱法演奏和演唱。在舞曲里，某种典型的节奏型贯串始终。这种典型的节奏型正是区别各种舞曲最重要的标志。

这些典型的作品体裁也可以成为音乐欣赏课堂的切入口，引导学生发现它们共同的特征，进而从这些特征入手进行教学。

当然，论其体裁形式，不同的划分方法呈现不同的分类方式。例如：按音乐场合与功能不同，可分为号子、山歌、小调、酒歌、舞曲等；按音乐表现形式不同，可分为独唱、齐唱、合唱、对唱等；按曲式结构不同，可分为变奏曲、组曲、回旋曲等；按艺术门类不同，可分为歌剧、戏曲、戏歌、电影音乐等。

但不管如何划分，抓住基本特征作为切入口来进行教学，仍然是音乐欣赏教学中的一种重要的方法与手段。

2. 教学目标如何设定

（1）研究学情结构。

教学目标的设置既要做到导教，又要便于导学。要针对学生，根据学生的特点和欣赏能力，制定相适应的教学目标。因而在上课之前，我们必须深入了解学情、仔细研究学情、密切关注学情，只有这样，才能有针对性地展开教学，才能真正达到“以学定教、顺学而导”的理想境界，才能真正提高课堂教学的实效。

我们教学的一切活动都要着眼于学生的发展，落实在学生的学习效果上。要做到充分了解、周全分析、有效提高，我们备课前必须弄清以下几点。

① 充分了解学生学习音乐的能力，比如：学生的识谱能力，是否能有效地唱出乐曲的主题；学生理解音乐的能力，是否能达到我们本堂课教学的

深度等。

② 充分了解学生学习音乐的兴趣点，他们乐于接受哪种教学手段，怎样才能从学生的兴趣点出发，最大限度地挖掘其音乐潜能。

③ 充分了解各个班级、各个学生的实际情况，接受新东西的差异，要做到心中有数、因材施教。

只有把这些问题弄清楚，充分了解学生学情，才能做到有效备课，教学才有可能有效地、高效地实现预期的目标。

（2）定位目标内涵。

音乐课的教学目标设置过程应该是教师与编者的对话、教师与学生的对话的过程，而不是凭经验、照抄参考书，毫无全局观念与总体布局。

有很多教师认为，教学内容就是教材内容，内容讲完了，教学任务也结束了，教学目标也就达成了。有了这种错误思想，便有了在教学音乐欣赏时，只是机械地一遍一遍重复地聆听，一次又一次地律动，学生从一年级到六年级所达的教学目标没有任何突破，所进行的教学方式没有任何改良，学生的欣赏水平、音乐素质、音乐知识也一直“原地踏步”，造成了低效甚至无效的音乐欣赏课堂。

所以，我们在定位目标时，一定要懂得甄选与取舍，回归音乐的本身，回归课堂的实质。既要有纵向的思维与观念，又要有横向的对比与发展。只有这样，才能让学生体会学习的乐趣，体验成功的快乐。

教师在科学编制教学目标时应做到以下几点。

① 认真解读《义务教育音乐课程标准（2011年版）》。明确《义务教育音乐课程标准（2011年版）》对音乐欣赏教学的具体要求、深度、结构及教学进度，切实把握音乐教学的方法和教学要求，真正做到心中有数，有的放矢。

② 认真钻研和分析教材，通过钻研和分析形成自己的一套教学体系、教学理念及教学梯度。要非常清楚本节课我要教什么、突出什么、解决什么问题。

③ 掌握教学目标的重点与难点，并积极思考解决这些重点、难点的教学方法与手段。

（3）凸显目标层次。

① 学段的层次性。

每个学段都有每个学段学生年龄的特点，每个学段都有每个学段的不同要求。我们要有全局的概念，让学生在学习过程中，有层层深入的愉悦感，有不断学习的动力。我们在教学不同阶段的学生提出不同的要求和目标，让课堂形成“跳一跳，摘果子”的良好教学生态。

比如在音乐情绪与情感方面：低年级学生只要求能体验不同情绪的音乐，能够自然流露出相应表情或做出体态反应；中年级学生则要求能对不同情绪的音乐做简要描述；高年级学生就进一步要求用一些简要的音乐术语来进行表达。

② 学生的层次性。

教师在制定教学目标时，要“分层推进，分类指导”，真正做到面向全体、因材施教。既要关注“优等生”的创造与发展，也要关注“后进生”的学习与提高。在教学过程中巧妙培优扶差，使全体学生特别是基础差的学生达到大纲、课本的基本要求的教学目标。

所以，我们在制定教学目标时，一定要深刻领会编者意图，要有全局观念与总体规划。对不同学段、不同层次的学生提出不同的要求，让学生根据自己的水平、能力、学识，达到学习目的，体验学习的满足感，进一步增强学习的兴趣。

（4）关注目标生成。

我们在制定音乐欣赏的教学目标时，除了制定好所要达成的目标之外，还要进一步思考如何实现目标，需要采用哪些有效的教学手段与措施，让学生在轻松的氛围中感受音乐的魅力，体会音乐的情绪，学习相关的音乐知识。

我们一定要给学生一双“音乐的耳朵”，让他们在聆听中打开想象的阀门；我们也要培养学生能适度地模唱乐曲的“主题”，体验其音乐的主要特征；我们也可以通过动作、律动，感受音乐的情绪；我们还可以通过绘画、叙述，锻炼学生的思维与想象力……

所谓“教无定法”，我们在设计教学措施时，一定要根据学生的特点、学习要求，设计不同的教学手段，让学生在学习过程中学得轻松、学得愉快、学有所成。

不管何种教学法，在提高学生审美的同时，学习音乐知识与音乐技能，提升音乐素养，都是音乐课的根本，也是音乐课的基本要求。

（5）融合目标“三维”。

“三维目标”（情感态度与价值观、过程与方法、知识与技能）是新课程的一个基本理念和基本特征，也是教学中具有普遍规律在新课程中的体现。

我们在制定三维目标时，不是简单地将目标的三个维度记下来，而是要具体体现在教育教学中。努力将教学三维目标的几个方面相互渗透，有效融合，使学生能以“知识与技能”为基础，以“过程与方法”为中介，以“情感态度与价值观”为灵魂，建构自信、互助的学习环境，最大限度地发挥学生主动学习、积极参与的热情和能量。

音乐教学与其他学科的区别是，我们将“情感态度与价值观”放在第一位，这与美育教学的基本特征和实际需求息息相关。所以，在音乐欣赏课程中，我们除了要关注“知识与技能”“过程与方法”之外，还要特别强调“情感态度与价值观”，通过古今美妙、动听的音乐，发展学生的审美能力，提高学生的音乐修养，净化学生的心灵。

（二）怎么教

“怎么教”是教师的教学方法与教学手段，但教学是一种创造性劳动，需要经过教师深入的探究与思考，方能达到既定目标。

无数经验告诉我们，一位优秀的教师，绝不是一蹴而就的，光鲜的背后是无数次的摸爬滚打，无数次的推敲、磨砺，无数次的反思凝练。同样，一堂好课，绝不是垂手偶得，一定是经过课前深入思考、认真筹备；课中积极投入、循循善导；课后反思推敲、推陈出新。

1. 熟悉作品是前提

俗话说：要给学生一碗水，教师要有一桶水。因此，上课前反复聆听、仔细分析作品非常重要，要能在聆听的过程中抓住情感的爆发点、内容的切入点、教学的重难点。只有反复聆听，才能熟记音乐主题主旋律，才能引发聆听者对作品的深度把握和理解，从而激发教师内心的情感共鸣，而这种情感上的共鸣能在很大程度上影响教师对音乐作品的审美态度，从而影响整个课堂教学的实施。

如果教师自身对音乐的理解都不够，又如何能激发学生的情感？如何能引发学生的兴趣与关注？如何能设计好的音乐活动，促进学生音乐素养的提升？只有熟悉作品，才能轻松自如地把握课堂、驾驭课堂、深入课堂。

在聆听过程中，我们要抓住音乐的风格特点，从构成作品纷繁复杂的音乐要素中找到形成作品主要音乐风格特点的关键要素进行分析解读，从而达到深度理解作品的目的。

2. 制定目标是基础

美国学者加涅说：“所有的教学工作都需要以教学目标为指导而进行，教学目标是教学活动的根本落脚点。”在开展教学活动之前，制定科学的教学目标是首要任务，这也是决定后续教学活动成败的关键性工作。

教学目标不仅能够督促教学计划的落实，让教师更加合理地安排教学内容、合理地使用有限的教学资源，还能在教学初期明确教学活动的难点，为整个教学活动厘清思路。

课标已经确认了情感态度与价值观、过程与方法、知识与技能的三维目标，全面界定了音乐课堂教学所需要实现的课时教学目标。制定目标时，我们需要从以下几个方面进行核实：第一，切实把握编者意图，深入剖析在总体目标下，本课应完成的课时教学目标；第二，兼顾学生学情，在进行作品分析时，需要关注学生的认知年龄和知识、技能基础，从音乐作品所提供的线索中提取适合课堂教学的内容，为教学提供依据；第三，凸显学科本位，从音乐的特性出发来科学地明确教学目标，不要过多引用姊妹学科及人文涵养的元素来冲淡本身对音乐作品要素的学习。

3. 确认重点是关键

音乐是由各种音乐要素组成的综合体，只要音乐一出现，就一定有音高、节奏、节拍、风格、体裁等，在教学时千万不要“胡子眉毛一把抓”，什么都学，什么都讲，课堂上好像内容非常丰富，但其实到最后，学生却是“消化不良”。

要想有效指导学生进行音乐欣赏，就一定要紧紧抓住作品中最具有特点的地方，将学生的关注点指向作品重点部分，只有这样，才能达到预期的良好效果。

4. 巧引善导是根本

从整个义务阶段教育全局来说，中小学音乐欣赏的过程其实就是一个从“身动”到“心动”的过程，就是要巧妙设计各种有效的音乐活动，让学生在参与和体验中学习音乐、感受音乐，在自主学习、探究学习、合作学习中不断感受音乐带来的愉悦感，体验音乐作品的精神内涵。

这就要求教师应该有丰富的教学形式、有效的教学手段，让学生深入浅出，获取参与上的愉悦、精神上的满足感，以期最大限度地调动他们的学习积极性，使课堂教学的实效性最大化地凸显。

5. 少说多听是方向

音乐归根结底还是声音的艺术，需要聆听者细细品味、深入感受，再美的音乐也需要以其自身美妙的声音来引起听者的共鸣，对于音乐欣赏教学，深刻而真实的审美感受与体验远比语言的讲解更重要。

所以，音乐欣赏课上，教师应该尽量少说多听，充分利用有效的课堂时间对作品进行尽可能多的反复聆听。只有反复聆听，才能细致深入地体验和捕捉到音乐作品多方面的艺术内涵，才能让学生对作品留下深刻的印象。

音乐教师应该多应用音乐的语言，引导学生深入聆听、带着问题去聆听，以音乐教音乐，就一定能让学生在聆听中学音乐、懂音乐、爱音乐。

第三章　小学音乐欣赏教学的教学方法

教学方法是为指向特定课程与教学目标，受特定课程与教学内容的制约，为实现既定的教学任务，师生共同活动的方式、手段和办法的总称。音乐欣赏教学方法是为了达到教学目标，师生共同活动，以欣赏的方式来完成教学任务。

许多著名的音乐教学法，如达尔克罗兹教学法、柯达伊教学法、奥尔夫教学法等，都强调亲身参与音乐活动来加强音乐体验，并且列举了许多案例。这些教学法都没有基于对课程标准的解读，没有根据学生的具体情况、中国国情以及学生的心理发展水平、学段目标、单元目标、课程目标等教学方法进行具体研究。

许多一线教师，尤其是年轻教师，不知如何有法可循地去把握欣赏内容，有章可依地把控教学流程。

虽说教无定法，但每一类教学形式的背后还是有共性可以遵循，有相同点可以挖掘。

一、聆听

“音乐欣赏是指以具体音乐作品为对象，通过聆听的方式及其他辅助手段来体验和领悟音乐，从而得到精神愉悦的一种审美活动。”（尹爱青：《学校音乐教学导论与教材教法》）

音乐是听觉的艺术，音乐艺术的一切实践都必须依赖于听觉。听，是音乐艺术最基本的特征。音乐教学必须立足于听，教师也要把发展学生的音乐听觉和培养学生对音乐良好的感受能力作为音乐教学的首要任务，从而为学习其他音乐技能奠定基础。

聆听是一切音乐活动的根本，聆听也是小学音乐欣赏教学中最常用和重要的教学手段。因此，培养学生聆听的习惯，教会学生聆听的方法，让学生拥有一双“音乐的耳朵”，是我们一线教师不可推卸的责任，也是我们努力的方向。这是一个循序渐进的过程，也是一个日积月累的过程，需要教师把握方向、持之以恒，方能到达胜利的彼岸。

（一）带着问题聆听

通常情况下，大多数学生对音乐的理解只停留在好听与不好听的表面层次，要想让学生更深层次地、理性地去理解音乐，教师必须设置有针对性的问题，有导向性的问题，有层次性的问题，通过问题对学生的引导显得尤为重要。

[**案例**] **管弦乐合奏《波斯市场》**

第一乐段

师：聆听第一段音乐，然后思考：

1. 这一段音乐描绘的是什么情景？

2. 它在力度上有什么变化？

设计意图：一个乐段主要掌握的知识点是力度由弱到强，让学生在仔细聆听中找到驼铃的声音，以此确认“驼铃声声”的主题。

第二乐段

师：聆听第二段音乐，然后思考：

1. 这一段音乐描绘的是什么情景？

2. 它的演唱形式是什么？

设计意图：由于有了前面微课的铺垫，学生很容易辨识出音乐的主题为

“乞丐之歌”，学习这一乐段要解决的问题是“男声齐唱”，感受男声齐唱的音色与特点。

第三乐段

师：聆听第三段音乐，然后思考：

1. 这一段音乐的速度怎样？情绪怎样？你觉得描绘了什么情景？

2. 它的主奏乐器是什么？

设计意图：通过舒缓速度、恬静的舞姿，辨识出音乐的主题为“公主巡游”，学习这一乐段要了解的音乐要素是“认识弦乐器组”，并感受其连贯、抒情、富有歌唱性的音色特征。

第四乐段

师：聆听第四段音乐，然后思考：

1. 这一段音乐描绘了几个情景？

2. 它是用什么样的主奏乐器演奏的？

设计意图：有了前面微课的基础，让学生分辨出这段音乐所表达的两个不同情景，分别是“魔术师”“耍蛇人”。通过乐器的特色，认识木管乐器组乐器的特色，它们性格鲜明、富有特点，适于表现音色独特的音乐。

第五乐段

师：聆听第五段音乐，然后思考：

1. 这一段音乐描绘了什么情景？

2. 它是用什么样的主奏乐器演奏的？

设计意图：这是酋长出场的画面，为了表现出酋长神气、威严的一面，音乐用了铜管乐器组，铜管乐器组适于表达宏大、壮观、威严的情景。

课堂提问是一种有效的教学组织形式，它既是重要的教学手段，又是教学艺术。设计新颖、层层深入的提问技巧，能启发学生对核心问题的深入思考，对新知识的好奇与把握，以引领学生进行深度学习。如上述案例针对六年级学生学习的过程，为分段聆听。每一段聆听前，都预设了几个问题，让学生带着问题去聆听，在聆听中找出音乐要素，进行深度学习和探讨。

（二）创设情境聆听

教学情境是教师为有效开展教学而创设的一种特定环境，在这一环境中强调“情”与“境”的交互作用。在音乐欣赏课中，采取有效措施创设轻松、愉快的音乐情境，调动学生的参与意识，在情境氛围的熏陶下，学生能够主动参与到课堂实践活动中来。

［**案例**］**安徽民歌《划龙船》**

播放划龙船的视频。

师：同学们，这是什么活动？在我国哪个传统节日有这项活动呢？大家了解这个节日吗？

（学生回答）

师小结：端午节是我国的传统节日，每年端午节来临之际，华夏子孙都用吃粽子、划龙船来以示纪念。久而久之，划龙船成为中国传统体育项目。

师：为了让龙船划得更快，让动作更加统一、整齐，人们分别在船头、船尾设计了指挥与掌舵，让我们再次观看视频。船头这个人的指挥方式，号角统领。请欣赏。

（学生再次欣赏视频）

设计意图：给学生对划龙船这一民俗形式先入为主的印象，并为后来学生了解号子这种音乐体裁形式做好铺垫，激发了学生进一步学习的欲望。

［**案例**］**民乐合奏《阿细跳月》**

在讲课前，教师播放一段微课视频——同学们，今天老师要带领大家去一个神奇而美丽的地方，那里的山歌像清泉一样甜，并学习一首享誉全球的名曲《阿细跳月》。阿细自称“阿细璞”，居住在云南省弥勒市一带，阿细人热爱生活、能歌善舞，传说在刀耕火种的时候……

通过短视频，学生既对彝族阿细有了初步的认识，对歌曲的来历有了初步的了解，也激发了学生学习彝族音乐的热情。

（三）分层分步聆听

教师要根据学生的实际情况，设计出有导向性、有系统、有梯度的问题，让学生带着问题，集中精力去听、去思考、去寻找答案。当然，学生也会因为教师的引导而变得越来越灵敏，越来越有深度。总体来说，聆听分为以下几种类型。

1. 整体聆听

《义务教育音乐课程标准（2011年版）》中指出：完整而充分地聆听音乐作品，在音乐体验与感受中享受音乐审美过程的愉悦，体验与理解音乐的感性特征和精神内涵。

正如古希腊哲学家亚里士多德所说：整体大于部分之和。对于音乐作品的完整聆听，是整个音乐聆听中最重要的教学手段。它能充分让学生感受到音乐的流动变化，能够充分领略情绪的高低起伏，从而对整首乐曲也有全局性的把握。所以在教学中若能整体聆听，尽量让学生整体聆听。

［**案例**］《**乒乓变奏曲**》

初听乐曲主题：

师：同学们，你们知道这是什么乐器演奏的吗？

生：钢琴。

师：对，这是由号称“万琴之王”的钢琴所演奏的。下面老师将整首乐曲演奏一遍。同学们聆听，然后思考：全曲对音乐主题重复了几次？

（教师弹奏钢琴，学生仔细聆听，然后回答问题）

在这个案例中，由于乐曲比较短，并且主题鲜明，非常有规律，因此，学生学起来并不困难，让学生完整聆听，可以综观全曲，并初步感受变奏曲的音乐特点。

［案例］管弦乐合奏《波斯市场》

师：同学们，前面通过聆听，我们明白了不同的乐器种类，演绎不同的音色，表达了不同的音乐情境，它们分别是：驼铃声声、乞丐迎宾、公主巡游、艺人炫技、酋长视察。

下面我们完整地聆听全曲，并请同学们根据各个场景出现的先后顺序，分别对乐曲进行情景表演，请个别同学将相应的图片贴到丝绸之路上。思考：音乐后面还重复了哪些场景？它们是完全重复吗？为什么驼队走远了还有其他主题音乐出现呢？

（学生聆听全曲，并将乐曲情景排序）

这是对全曲分段聆听过后，再对全曲进行完整聆听。学生通过聆听，对全曲有了全面的了解，对乐曲的结构有了整体的把握。学生在教师的引导下聆听全曲，并通过表演加深了对各个乐段的记忆与理解，再次体会音乐的美妙。

2. 分段聆听

分段聆听是教学中的重要一环，在学生对作品初步感受的基础上分段聆听，则能让学生记忆音乐主题，听辨音乐的情绪、速度、力度、音色、和声等要素，从而进一步了解音乐的行进、构成和结构。

在人音版小学音乐教材配套多媒体光盘中，绝大多数欣赏曲都标明了乐段的划分。可见划分乐段在整个音乐欣赏过程中所起到的巨大作用。划分乐段的依据，不就是我们需要学生掌握的力度、速度、音区、伴奏型、情绪等要素吗？

所以，分段聆听不但可以让学生逐步掌握乐曲结构，还可以引导学生更深入地欣赏音乐。

例如，在《乒乓变奏曲》中，①主题音乐——单旋律（简洁、明快）；②变奏1——主题出现在高音区（生动、跳跃）；③变奏2——主题出现在中音区（你来我往）；④变奏3——音型紧凑（比赛情绪激烈）；⑤变奏

4——旋律下行（下旋球，变幻莫测）；⑥变奏5——旋律上行（上旋球，洒脱自在）。

通过分段聆听，把握各个乐段对比后，情绪上产生了什么变化？为什么会产生这些情绪的变化？这样才能让学生真正进入音乐中去，做音乐的主人，做课堂的主人。

3. 重复聆听

音乐是时间的艺术，时间到了，音响便停止了。但音乐又是时间的"刻录机"，美好的旋律，当重复达到一定数量的时间，它能让人永生难忘。这便是重复的魅力，重复是音乐发展中最重要的一种手法，重复音乐材料，能够加深人们对音乐材料的记忆，使重复的音乐材料具有某种形象意义。

这是音乐的独特性，因为它具有流逝性的特点，随着时间流动而消失。因此，在几乎所有音乐作品中，重复都是最重要的发展形式，在教学中也应该成为我们最重要的教学手段之一。

音乐是需要反复聆听的，越是熟悉的音乐，越能引起情感的互动，越能产生内心的共鸣，才能进一步感知音乐、认识音乐、理解音乐，诱发联想，从而进入艺术审美的最高境界。

（四）视听结合聆听

巧妙利用多媒体技术，能充分调动学生的视听感官，渲染和烘托环境气氛，升华学生的情感体验，提示人物内心的奥秘。常见的视觉媒体包括乐谱、图片、实物等非投影视觉媒体，投影仪、幻灯机等投影视觉媒体。

视听结合的欣赏教学方法，通过画面与音响的结合，传递视、听两个方面的信息，形象、生动，可以加深他们的感受、体验、记忆和理解。但是也要注意，应以聆听为主，充分发挥视觉媒体与听觉媒体的相互补充功能，达到整体优化。

［**案例**］**现代京剧《都有一颗红亮的心》**

师：同学们，通过前面的学习，我们了解了京剧的四大表演形式，分别是“唱、念、做、打”。前面分别学习了“唱”与“念”，那么，我们今天一起来学习京剧当中的“做”，也就是表演。

京剧里面的表演非常重要，每招每式都有着不同的意义。其中每个角色特别是上下场时的“亮相”，在京剧中有着独特的作用。下面我们一起来观赏其中的视频，一起来学一学、试一试。

（播放视频）

学生根据视频，在老师的引导下学习“亮相”。

设计意图：此时播放视频，既能让学生进一步学习剧情，又可以学习视频中的“亮相”动作，达到了解人物精神状态的目的。

［**案例**］**古琴独奏《关山月》**

师：同学们，古琴又叫瑶琴、玉琴，是中国传统拨弦乐器，已有3000年以上的历史了。古琴音域宽广，音色古朴、浑厚，能表达“安静悠远”的意境。

在演奏时，一般将琴置于桌上，右手拨弹琴弦、左手按弦取音。右手演奏时有托、抹、挑、勾，左手有吟、揉等技法。让我们随着视频中的演奏家一起模仿演奏《关山月》，你一定能感受到更深层次的内涵。

（学生边观看视频演奏边模仿）

设计意图：由于古琴是一种不常见的乐器，很多同学都不了解。通过视频演奏的形式，既可以让学生进一步深入了解古琴这种乐器，又能模仿里面的演奏技巧，还可以通过演奏者的形态感受其中高远的意境。

在本课中，还有一个短小的“琴歌”视频，演奏者边弹边唱，能让学生更深层次地了解中国民族音乐的博大精深。

二、表现

《义务教育音乐课程标准（2011年版）》指出：表现是学习音乐的基础性内容，是培养学生音乐审美能力的重要途径。教学中应注意培养学生的演唱、演奏、综合性艺术表演能力以及在发展音乐听觉基础上的读谱能力。通过音乐实践活动，学生能用音乐的形式表达个人的情感并与他人沟通、融洽感情。

在新课程的“表现”领域包含了演唱、演奏、综合性艺术表演和识读乐谱四项内容。通常将这几项内容整体放在一个领域中学习，有利于加强各项内容之间的联系，有利于改变单一的教学课型。

在欣赏课程中，让课堂巧妙融合各种表现形式，并积极参与其中，可以让欣赏课堂变得更加丰富多彩、精彩纷呈。

（一）教师示范，让情感更充沛

音乐是最具情感化的艺术，与其他艺术形式相比较，作为情感艺术的音乐能直接拨动听众情感的琴弦，直达人类心灵的最深处。

教师不经意的范唱或范奏、一带而过的艺术表现，能给学生以豁然开朗、茅塞顿开之体验。特别是对于小学生来说，适当的示范和引领，不但可以让学生的感受更直观、更深刻，也体现了教师良好的艺术修养和基本技能，让学生产生钦佩之情。教师对音乐课本中中外名曲的范唱或范奏，都会对学生产生直接的、积极的影响。学生会争相学习和模仿教师，这样也会使学生和教师为追求同一个目标而相互促进，真正使音乐的教育达到美育的效果。

1. 能范就范，让教学更有效

综观整个小学阶段的欣赏教学，涵盖了大量中外名曲，内容丰富，形式多样，呈现百花齐放的局面。很多欣赏曲要求学生不但要掌握一定的音乐技能，还要掌握相当的音乐知识。

例如，在人音版小学音乐教材中，学生需要掌握的中国民族乐器有：竹笛、二胡、古筝、马头琴、古琴、柳琴、琵琶、唢呐等；需要了解和认识的西洋乐器有：钢琴、小提琴、大提琴、弦乐器组、单簧管、双簧管、萨克斯管等。

为了让学生认识这些乐器，了解这些乐器的音色、演奏技巧等，教师如果能够示范，尽量示范，这样会让教学更有效果。

[案例] **二胡独奏《赛马》**

作品分析：二胡独奏曲《赛马》描写了蒙古族人民在欢度节日、举行赛马盛会时热闹而欢快的场面，表现了他们对草原、对生活的无比热爱之情。

本节课的教学目标为：认识二胡并辨识它的音色，了解二胡的演奏技巧。

教学过程：

1. 播放内蒙古人民赛马盛会的录像，让学生感受赛马时的热烈场面，同时播放录音《赛马》。

2. 讨论：你刚才看到的是什么场景？听到的音乐和这样的场景有什么联系？乐曲是用什么乐器演奏的呢？

3. 揭示课题。

4. 出示二胡。

（老师介绍：二胡是中国著名的拉弦乐器，主要由琴筒、琴身、琴弦、琴弓组成，因为是二根弦，所以叫二胡。二胡音乐优美，接近于人声的音色，是一种富于歌唱性的乐器，因此也被称为“中国式小提琴”。今天，老师和大家通过一首二胡名曲《赛马》，一起来了解这种乐器。）

5. 聆听第一乐段，并随音乐哼唱。（老师演奏并介绍二胡技巧——拉弦）

6.聆听第二乐段，随音乐模唱主题旋律。（老师演奏并介绍二胡技巧——拨弦）

7. 聆听第三乐段，与哪一乐段相似。（老师演奏并介绍二胡技巧——颤音）

设计意图：本节课中，为了了解二胡这种乐器，教师进行了充分的示范。学生通过教师的示范，认识了二胡，了解了二胡的音色以及一些演奏技巧，激发了学生学习音乐的兴趣与进一步认识、学习二胡的欲望。

［案例］古筝独奏《渔舟唱晚》

作品分析：《渔舟唱晚》是近代古筝艺术家娄树华根据古典《归去来兮辞》的素材，加工改编而成的一首传统古筝曲。这首曲子表现了夕阳西下、湖面歌声四起，满怀丰收的喜悦的渔民，驾着片片白帆，纷纷而归的动人画面。

本课的教学目标为：通过历史起源、古筝构造、演奏技法、演奏风格，去认识、了解我国民族乐器——古筝。

教学过程：

1. 教师古筝范奏《渔舟唱晚》片段，引导学生感受古筝的音色特点，并从历史起源、基本构造、演奏技法、演奏风格四个方面认识我国最古老的民族乐器——古筝。

2. 聆听乐曲A段，初步感受乐曲这部分所描绘的景色。思考：你能从音乐声中想象出这是怎样的景色吗？

3. 学生随音乐哼唱主题旋律，画出图形谱。

4. 教师范奏B段部分音乐，学生哼唱主题主旋律，并了解古筝的演奏技巧——划奏，想象划奏表现的音乐形象是什么。

5. 师生合作，教师弹奏旋律，学生划奏，一起演奏。

设计意图：古筝是一种非常伟大的乐器。本节课为了达成认识、了解乐器的目的，教师做示范为学生演奏乐器，通过前后简短的示范，学生对古筝这种乐器有了一定的了解，为激发学生喜爱民族乐器、学习民族乐器打下了坚实的基础。

［案例］管弦乐《四小天鹅舞曲》

作品分析：管弦乐《四小天鹅舞曲》是俄罗斯作曲家柴可夫斯基创作的经典芭蕾舞剧《天鹅湖》第二幕里的一段舞曲。作品完成于1876年，它描述了王子和公主互相表白后，四个小天鹅跳的一段欢乐舞蹈的伴奏音乐。此曲篇幅不大，它是#f小调4/4拍，中庸的快板，ABA′结构。开始时的曲调为八分音符的活泼跳跃的伴奏音型。一小节以后奏出A乐段轻快的乐句，栩栩如生地刻画出小天鹅天真可爱的形象。然后在高八度上进行重复，接着奏出B乐段的主旋律，这里强调了切分节奏的几个音，表示小天鹅步子还不稳、活泼可爱。反复一次后再现A′乐段开始时的曲调，最后是一个短小的尾奏，再次采用不平稳的节奏，显得十分有趣，乐曲在两个强音和弦上结束。

教学过程：

1. 初听音乐，感受情绪。

师：今天，老师带大家聆听一段经典、生动、活泼的音乐，去领略一种高贵、典雅的艺术形式，你知道这是什么吗？请大家一起聆听老师的演奏，然后思考：这首歌曲情绪怎样？反映了怎样的场景呢？

（教师演奏钢琴）

生：情绪为欢快、活泼；反映了一个欢乐的场景。

2. 介绍乐曲，初步了解。

师：原来这是一首芭蕾舞名曲——《四小天鹅舞曲》。《四小天鹅舞曲》节选自芭蕾舞剧《天鹅湖》，描述了王子和公主互相表白后，四只小天鹅跳的一段欢乐舞蹈的伴奏音乐。

3. 观看影像，初步感知。

（学生观看芭蕾舞片段音像资料）

师：同学们，你们知道这是什么舞蹈形式吗？

生：芭蕾舞。

师：通过刚才的观看，你认为芭蕾有哪些特征？

（师生讨论、总结：舞姿优美，动作轻盈，服饰典雅，规范性和技巧性很强。为了体现修长、挺拔的特征，通常用足尖来跳）

4. 学跳芭蕾，深入探究。

（1）用手来模仿舞蹈演员的脚上动作，看谁学得最快。

①观察视频模仿；②请同学上台展示。

（2）跟着老师来跳手上芭蕾。

①随着音乐跟老师学手上芭蕾；②对着图形谱做动作。

（3）体验真正的芭蕾。

①讲解动作（四人一组，请伸出右手，再伸出左手，然后牵手；右脚向前交叉一个八拍，收回一个八拍）；②随着音乐跳芭蕾。

设计意图：音乐与舞蹈是艺术形式的姊妹花，二者相辅相成。因此，作为音乐教师应该具备多方面的才能，对于姊妹学科的知识有相当的了解和示范。在音乐课教学中，教师示范是一种有效的资源利用，有利于开发学生的定向思维，整合学生的个性差异，激发学生的学习欲望，是体现教师专业素质和教学水平的主要依据之一。在音乐教学中，教师的示范是不可或缺的，它就像是点睛之笔，能让难题瞬间得以解决，教师的言传身教能否解开学生学习上的困惑和迷茫，示范就是最佳的证明。

如本节课，教师除了示范钢琴以外，还带领学生学习芭蕾舞。教师的示范起到了非常大的作用，能让学生近距离了解平时很少触及的芭蕾舞，亲身体验舞蹈所带来的愉悦感与韵律感。芭蕾舞音乐的风格、芭蕾舞的手位、芭蕾舞的足尖、芭蕾舞的韵味，在教师的示范和引领下，徐徐铺开，给学生留下了深刻的印象。

2. 有需即行，让示范能引领

亲其师，信其道。特别是小学阶段，学生具有明显的“向师性”，在这样的情况下，教师的示范作用就显得尤为重要。教师灵活地运用示范，可以帮助学生更容易地掌握所学的内容，吸引学生的注意力，帮助学生树立学习的信心，让学生的音乐课堂变得多姿多彩。

例如，戏曲艺术作为我国悠久历史发展过程中的优秀产物，综合了音乐、舞蹈、文学等多方面的精华，成为我国最具有代表性的国粹艺术，它的继承和发扬是学校音乐教育理应包含的重要内容之一。《义务教育音乐课程标准（2011年版）》在“课程基本理念”中明确提出：“弘扬民族音乐，理解音乐文化的多样性。”在第三部分课程内容中还提出了对戏曲这部分学习的具体要求。但在现实教学中，由于现实环境的局限，许多学生对于戏曲中的唱腔、手势、念白不甚了解。所以，此时作为一门一直以来口传身授的传统课程——戏曲教学，教师的示范、讲解就显得尤为重要。

［案例］现代京剧《迎来春色换人间》

作品分析：《迎来春色换人间》又名《打虎上山》，是现代京剧《智取威虎山》中杨子荣的主要唱段之一。它采用了管弦乐队伴奏，音色丰富、气势恢宏，唱段运用了京剧的多种板式，抒发了杨子荣乔装打扮、深入匪窟、消灭匪徒的豪情壮志。

本课的教学目标是：能模仿圆号音色哼唱《迎来春色换人间》的前奏旋律，并会模仿其中的一到两句唱腔。

教学过程：

（一）引入课题

1. 教师示范演唱《校园小戏迷》。

师：你能从中联想到我国的哪种戏曲艺术？

生：京剧。

师：对啦。说起京剧，那可是我国的国粹啊！迄今已经有200多年的历史了。今天，我们就来欣赏一段现代京剧《智取威虎山》中的唱段《迎来春色换人间》，感受一下京剧的韵味，这一唱段也叫《打虎上山》。

2. 板书课题。

3. 老师讲解。

《智取威虎山》讲述的是解放战争初期，解放军侦察排排长杨子荣化装成“土匪”，打入敌人内部，与敌人斗智斗勇，最终将土匪一举消灭的故事。请同学们认真欣赏，在欣赏之后，说说你从唱段中都感受到了什么。

（二）了解二黄唱腔

1. 欣赏全曲。

2. 师生分享京剧小知识。

讲解：二黄唱腔、西皮唱腔的特点。

3. 教师示范二黄唱腔的片段。

4. 师生从唱腔、旋律情绪和表演艺术等方面深入了解二黄唱腔，并通过做选择题来检测学生对二黄唱腔的理解。

5. 学生总结：你感受到二黄唱腔的特点了吗?

6. 学唱“散板”唱词。

迎——来——春——色——换——人——间!

（三）学习西皮唱腔

1. 复习四二拍强弱规律。

（强弱，有板有眼）

2. 学习四一拍强弱规律。

（强强，有板无眼）

3. 教师示范西皮快板片段。

4. 教师比较两种唱腔的特点。

二黄唱腔——音调属南方风格，曲调优美、流畅、抒情、浑厚、节奏平稳。多用来表现沉思、感叹、忧伤、压抑、悲愤等情绪。

西皮唱腔——音调具有明显的北方特点，旋律高亢刚劲、活泼明快。西皮原板的用处极为宽泛，常用于叙事、抒情和景色描述。

5. 教师聆听西皮唱腔的片段音乐。然后回答：

（1）你觉得杨子荣是一个怎样的英雄人物？

（2）谈一谈你对西皮唱腔的理解。

6. 跟教师一起学唱西皮唱腔。

（四）师生演绎

完整聆听音乐，在教师的指导下进行表演。

小结：京剧博大精深，希望同学们课下多多收集有关京剧的知识，了解京剧、喜欢京剧、爱上京剧。

设计意图：本节课从看戏——课堂上观看视频，了解剧情；聊剧——用谈话、交流、讨论等方式，让学生了解戏曲的相关知识；唱剧——跟教师学唱戏曲，感受戏曲韵味，提升戏曲审美；演戏——体验戏曲身段，满足表演欲；品戏——发现戏曲规律，拓宽学习视野。深入浅出，让学生学得开心、学有所成。

戏剧作为一门古老的传统艺术门类，口传身授一直是其教学的法宝。教师充分利用自己的基本技能和对戏曲的理解示范、教唱，在这里起到了非常大的作用。它不但让学生领略京剧的韵味，还让学生在模仿中触摸京剧的内涵，取得了良好的效果。

（注：以上为工作室学员叶桂珍的教学案例）

（二）学生视唱，让体验更深入

主题是乐曲发展的动机，音乐主题是音乐作品中最主要的乐思，它是音乐思维的“种子”，具有个性鲜明、表现力强、旋律比较完整概括等特点。

优秀的音乐主题都蕴藏着十分丰富的思想内涵，是一部音乐作品的灵魂和精华所在。因此，无论从听赏音乐时快速抓住作品核心出发，还是从分析音乐时清晰了解作品结构出发，音乐主题都是最佳的切入口。

在音乐欣赏教学中，学生在聆听音乐后，用自己的声音去演唱、去模仿，无疑能深层次地感受音乐、体验音乐、理解音乐。

1. 唱哼鸣模仿乐器的音色

演唱并不一定是唱乐谱、唱歌词，当然还包括哼鸣，通过哼鸣，能模仿各种乐器的音色。为了帮助学生熟悉主题，提高学生对各种音乐的辨别力，加深对音色表现力的理解，可以采用人声来模拟不同乐器的音色进行哼唱，使主题旋律的学习过程更加直观、生动和富有情趣。

[案例] 管弦乐合奏《云南音诗——火把节（片段）》

作品分析：《火把节》（片段）选自王西麟的《云南音诗》第四乐章，生动地描绘了云南各少数民族的生活情境。《火把节》（片段）描绘了彝族人民欢度传统节日——火把节的欢乐情境，气氛热烈、情绪激昂，既富有民族音乐的特点，又贴近老百姓的生活，深受学生的喜爱。

教学过程：

师：同学们，当夜色越来越深，欢乐的人们在狂热的舞蹈中渐渐安静下来，夜色下的彝家山寨显得如此静谧、安详，悠扬的旋律似清风般徐徐送来，听，它是用什么演奏的呢?

（聆听乐曲）

生：这是用双簧管演奏的。

师：是的，这是用双簧管演奏的。双簧管的音色音质甜美纯净，富有表现力，形象地描绘了彝族美丽的夜色。下面我们用哼鸣再演唱一遍吧。（见图3-1）

（学生用哼鸣模仿双簧管演绎歌曲）

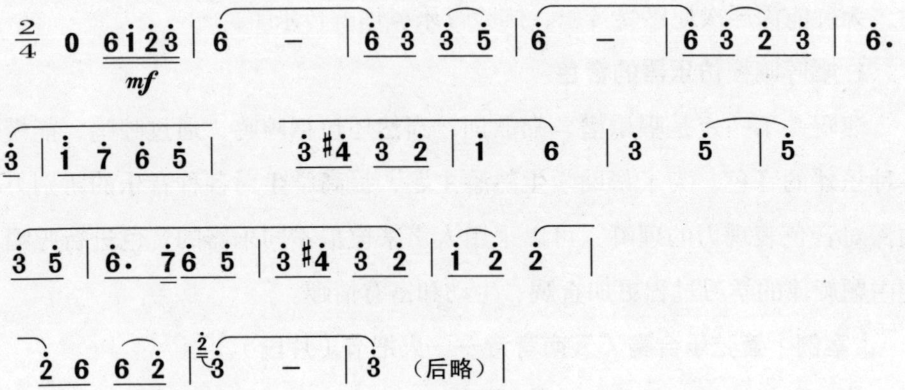

图3-1 《云南音诗——火把节（片段）》慢板部分

［案例］合奏《森林狂想曲》

作品分析：《森林狂想曲》是由大自然的真实音响与美妙的乐音交织而成的。乐曲的旋律简洁质朴，轻快流畅，富有东方情调。乐曲第一部分，笛子奏出上述旋律，然后由小提琴演奏主题二，演奏乐器的不同、编配的不同，把我们带进这片神奇美妙的森林中，使我们享受到大自然给予我们的无穷乐趣。

教学过程：

师：同学们，刚才我们聆听了两段音乐，对于每一段音乐的主奏乐器进行了分辨和了解。它分别是什么乐器呢？

生：竹笛、小提琴。

师：对了。竹笛是吹奏乐器，音色高亢明亮；小提琴是拉奏乐器，音色连贯抒情。

下面我们用du来模唱竹笛的主题音乐；用la来模唱小提琴的主题音乐。大家一起唱一唱、试一试？

竹笛吹奏（音乐主题1，见图3-2）：

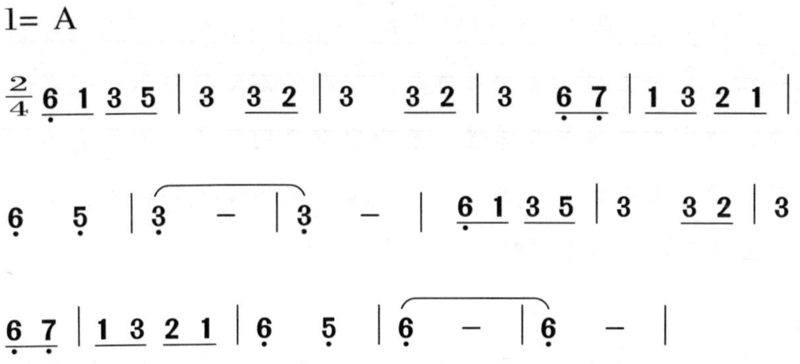

图3–2 《森林狂想曲》A段部分

小提琴演奏（音乐主题2，见图3–3）：

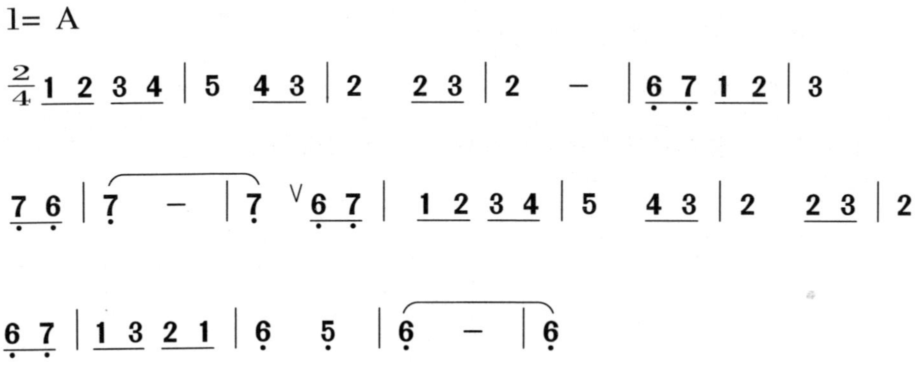

图3–3 《森林狂想曲》B段部分

设计意图：通过用两种不同哼鸣的模拟演唱，不但可以进一步熟悉歌曲的旋律，记住音乐的主题，还可以对比出不同乐器的音色变化，通过形象的模仿来熟悉乐器。

2. 唱歌词提升创编能力

为了加深对音乐的理解，巩固对音乐主题的记忆。如果在老师的引导下，加入相应的歌词创编，既可以激发学生学习音乐的兴趣，又可以引导学生更深刻地理解和表达音乐的内涵。

［案例］管弦乐合奏《狮王进行曲》

作品分析：《狮王进行曲》是法国作曲家圣–桑所作管弦乐组曲《动物狂欢节》中的第一曲，是一首单三部曲式作品，它以双钢琴与弦乐一起塑造了威武的雄狮形象，极富形象性与趣味性。乐曲用钢琴的颤音、沉重有力的顿音、浑厚低沉的旋律，表现了“万兽之王”威风凛凛的步伐和神态，加上狮子威猛的吼声，使整个森林都为之震撼。

教学过程：

师：随着一声声号角吹响，狮王大摇大摆地出现了，请大家聆听音乐，感受音乐气氛。你觉得应该是谁来了？

（边放音乐，教师边做动作）

生：狮王来了。

师：音乐表现狮王怎样的神态呢？

生：威风凛凛、神气。

师：那么，请大家看着谱（见图3–4）一起用du模唱吧。

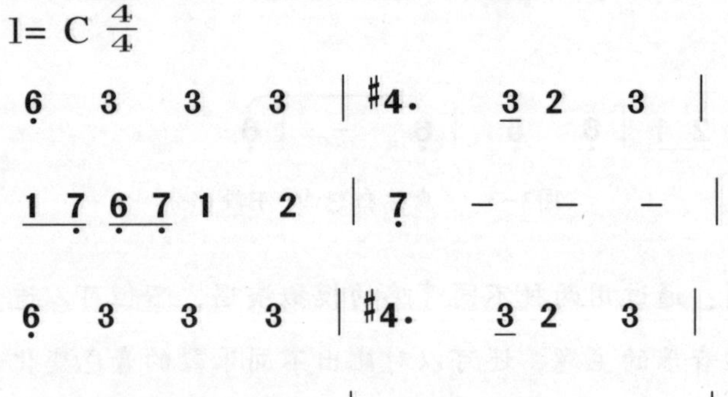

图3–4 《狮王进行曲》A段部分

师：为了让大家更清楚地了解乐曲形象，老师加入了歌词（见图3–5），让大家一起演唱。

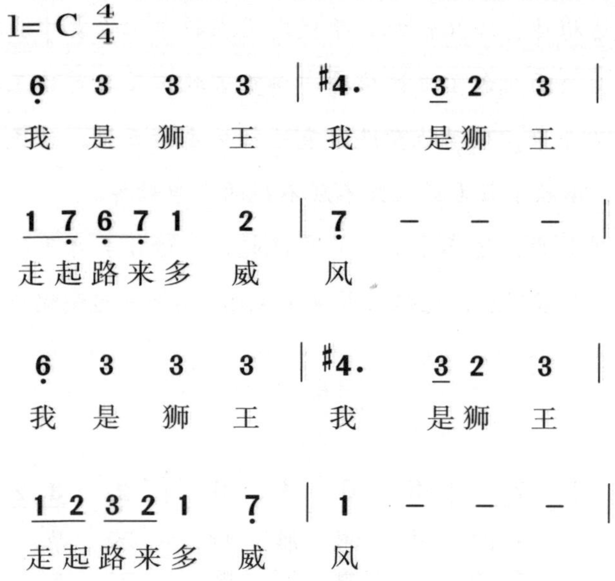

图3-5 《狮王进行曲》A段部分

最后，为了进一步感受狮王威风凛凛的形象，再采用动作表演的方式引着学生一起行走。

设计意图：在这一环节，通过多次聆听、模唱、创编歌词，帮助学生熟记主题旋律；通过创编、演绎等方式吸引学生参与音乐教学活动，在音乐活动中培养学生的音乐能力，提升学生的音乐素养。

［案例］**管弦乐合奏《嘎达梅林》**

作品分析：《嘎达梅林》是人民音乐出版社出版的五年级上册第2课《足迹》里的一首内蒙古民歌。原是一首蒙古族长篇叙事体的颂歌，由安波记谱译配，于20世纪30年代流传在东蒙北部。全曲具有蒙古族民歌的特点，结构严谨，曲调豪放流畅，深情感人，节奏沉着有力。语言声韵的抑扬与曲调旋律的起伏一致，情绪悲壮而沉重，表达了人们对民族英雄的无限敬仰和深切的怀念。

教学过程：

师：《嘎达梅林》以20世纪30年代发生在科尔沁左翼中旗的嘎达梅林起义事件为素材，全面记叙了嘎达梅林率领贫苦牧民反抗封建王公和军阀政府掠夺土地的正义斗争，生动地塑造了嘎达梅林主持正义、为民请命、不畏强暴的英雄形象，讴歌了蒙古族人民不屈不挠的斗争精神。

请大家边听歌曲，边感受音乐的高低起伏，边体会音乐所展现的嘎达梅林的英雄形象。大家听后，也跟着歌词（见图3-6）一起演唱吧！

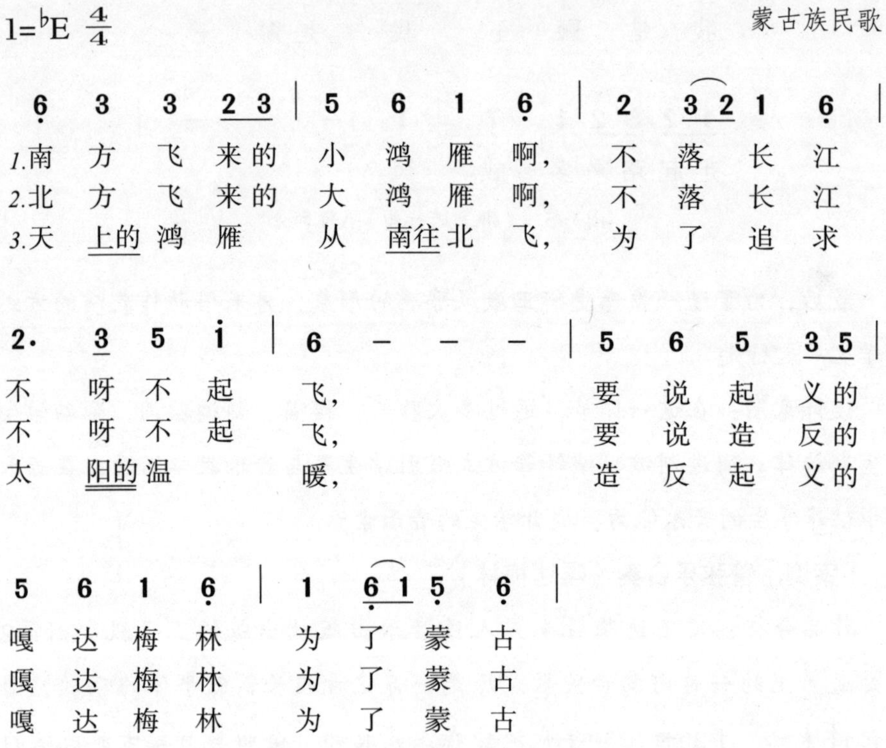

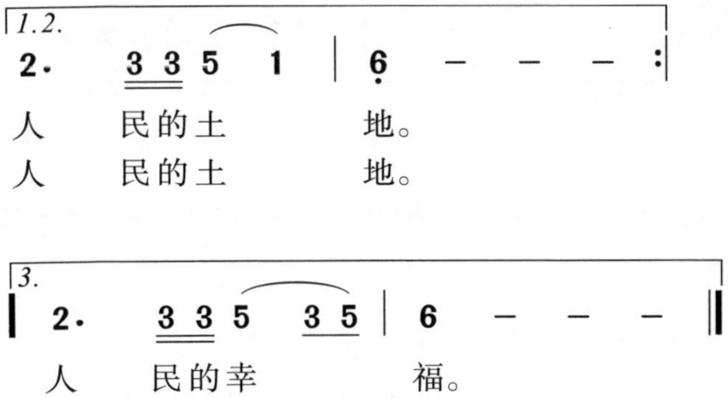

图3–6 《嘎达梅林》歌词

设计意图：这一段音乐虽然不是学生编创的，但是非常典型，并且乐句也不多，蒙古音乐风格非常凸显，歌词简易，朗朗上口，学生演唱后记忆深刻，回味无穷。

3. 唱乐谱加强识谱能力

识读乐谱是小学音乐课堂教学的重要环节，是开启音乐大门的钥匙。在《义务教育音乐课程标准（2011年版）》中明确指出：乐谱是记载音乐的符号，是学习音乐的基本工具。要求学生具有一定的识谱能力，有利于参与音乐欣赏、音乐表演和音乐创作等实践活动。识谱要和演唱、演奏、创造、欣赏等教学内容密切结合，要以音乐为载体，在学生感性积累和认知的基础上进行。既可以通过学生熟悉的歌曲或乐曲识读乐谱，也可以借助乐器演奏来学习。

那么，对于一些旋律性较强的音乐主题，特别是一些本来就由歌曲改编而成的乐曲，能够让学生在聆听、记忆的基础上进行识谱演唱，既可以提升学生的识谱能力，也可以让学生的音乐素养得到进一步发展。

［案例］古钢琴与乐队合奏曲《小步舞曲》

作品分析：《小步舞曲》是巴赫创作的一首用羽管键琴演奏的乐曲。乐曲为三段体，第一部分是《G大调小步舞曲》，现在我们听到的音乐还加入了巴赫所写的另一首《g小调小步舞曲》，与大调形成了调式、调性的色彩对比。前者显得更为明朗，后者则给人以淡然柔情之感。最后《G大调小步舞曲》再次出现，形成复三部曲式结构。

教学过程：

师：同学们，通过前面的观察和学习，我们了解到小步舞曲的特点是典雅、高贵、严谨。

为了营造这种典雅、高贵、严谨的形象，乐曲不仅节奏上保持一致，主要形式为：× ×× ×× | × × × |，而且旋律上也有自己的特点。那么，首先请同学们边聆听边看老师画旋律线吧！

（学生聆听，教师画旋律线）

师：大家可以看到，这首乐曲的旋律线非常有规律，整体以级进的形式进行。为了让同学们更熟悉这首乐曲，中国的词作家对这首乐曲的主题进行了填词（见图3-7），请大家一起跟钢琴模唱一下。

我们大家跳起来

1= C $\frac{3}{4}$

[德]巴　赫　曲
吴国钧 填词

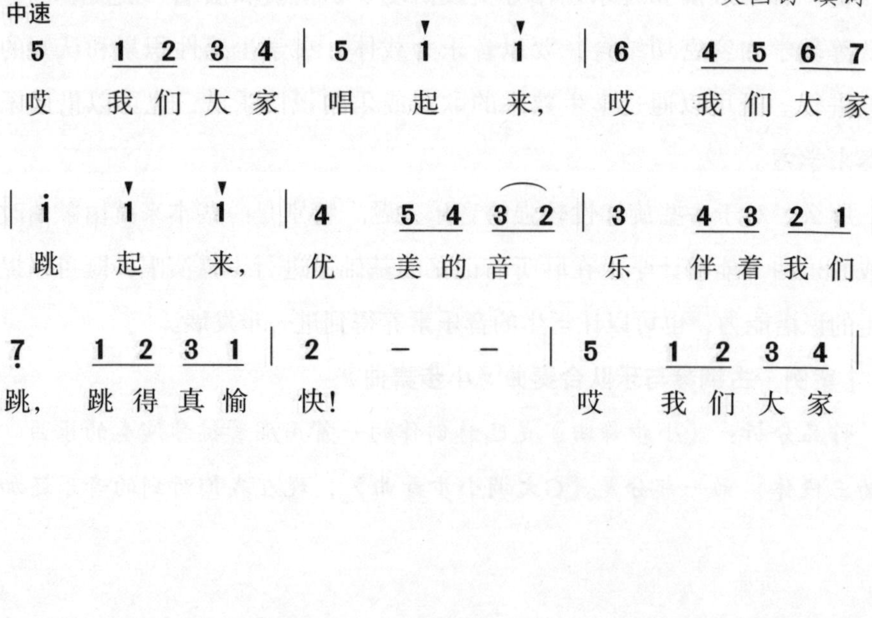

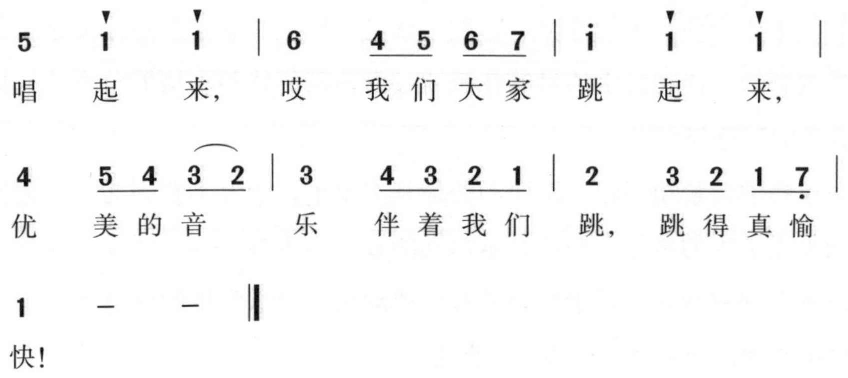

图3-7 《小步舞曲》填词

师：大家唱得真不错，让我们一起唱一下乐谱吧！

（学生跟钢琴学唱乐谱）

设计意图：《小步舞曲》是一首旋律清新、流畅，易于传唱的乐曲，富有歌唱性。因此，从以下几步去完成：①初听乐曲，找到乐曲中节奏的特征；②唱歌词，学生在听的基础上演唱歌词，对歌曲有更深入的理解，也感受顿音记号的特点；③让学生识读乐谱，在排除节奏、顿音记号的基础上，学生识读乐谱也会变得轻松自如。

识读乐谱在音乐教学中是一个难点。在本节课中，先让学生熟悉旋律，进行识谱教学，符合课标的基本要求：识谱要和演唱、演奏、创造、欣赏等教学内容密切结合，要以音乐为载体，在学生感性积累和认知的基础上进行。本节课先让学生聆听音乐、熟悉旋律；然后让学生唱歌词，进一步巩固音乐记忆；最后让学生识读乐谱，无疑大大降低了识读乐谱的难度，取得了较好的教学效果。

（三）创编律动，让表现更丰富

律动教学法是21世纪初由瑞士作曲家、音乐教育家埃米尔·雅克·达尔克罗兹首创的，亦称“体态律动”。

律动是以身体运动来感知和再现所听到的音乐，有效的律动能让学生在欣赏教学中体会到音乐的速度、力度、音高、乐句、织体等音乐要素，加深对音乐的感知。律动教学的目的在于通过身体动作体验和培养节奏感，以加强对音乐的注意与记忆。

简单易学、紧扣主题，是律动的最基本要求，千万不要因为过于繁杂的动作而加重学生的负担。好的音乐律动能吸引学生参与音乐活动，让学生更好地表现和理解音乐；过于繁杂的音乐律动则会分散学生的注意力，让学生产生畏惧心理，无法体验到成功的喜悦。

［案例］吹奏乐《同伴进行曲》

作品分析：《同伴进行曲》是一首管乐器演奏的进行曲，经常在集会或队列行进中演奏或播放。乐曲为复三段体结构。A段部分音乐（见图3-8）刚健、有力；B段部分音乐（见图3-9）平静、温和；A1段热情洋溢，是乐曲的再现段。

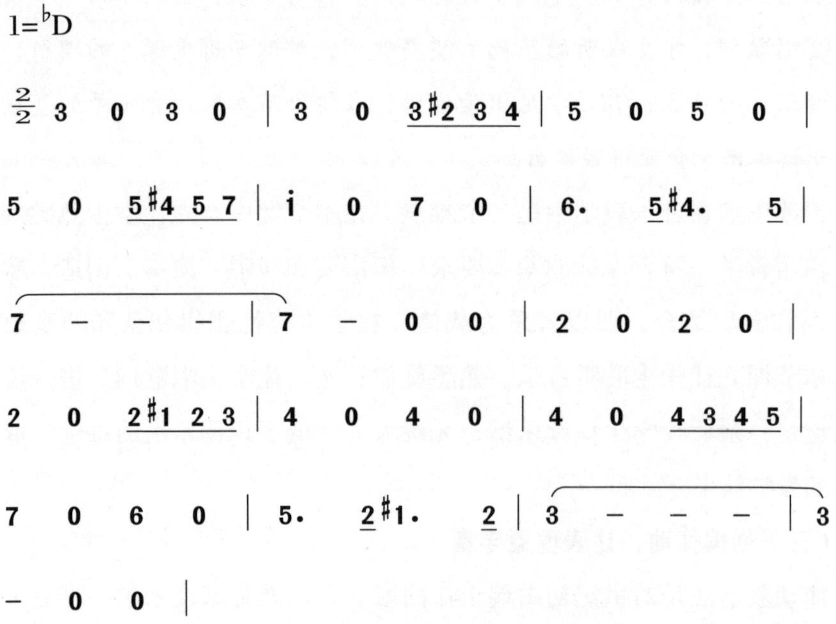

图3-8　《同伴进行曲》A段部分音乐

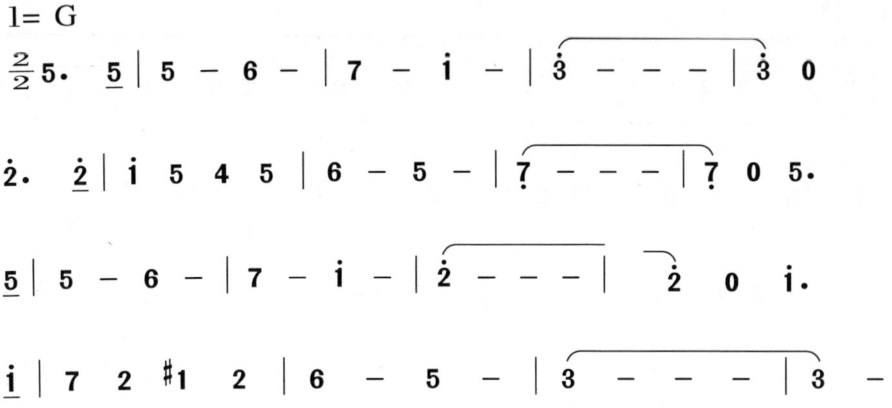

图3-9 《同伴进行曲》B段部分音乐

教学过程：

在教学时，可以将学生分成几组站成队列。当听到A段音乐中富有节奏的a音乐时，学生按队列行走；当听到相对柔美的b段音乐时，拉住身边伙伴的手一起走。当听到B段音乐时，站在原地拍手或摇摆身体；当听到再现A1段时，又重新按队列行进。

设计意图：本教学环节要解决的主要问题是，感知不同音乐的情感变化。设计简单的律动，有利于让学生既能仔细聆听，又能用身体感受音乐，并对乐曲的结构有一定的了解。

［**案例**］**吹奏乐《加伏特舞曲》**

作品分析：《加伏特舞曲》是荷兰作曲家戈塞克创作的。A段的主题旋律采用对称的乐句组成，旋律中运用了许多断音、装饰音和八度大跳，构成了既活泼明快又略含幽默的色彩。为了让学生准确把握音的高低，我们可以采用击掌法。其乐谱如图3-10所示。

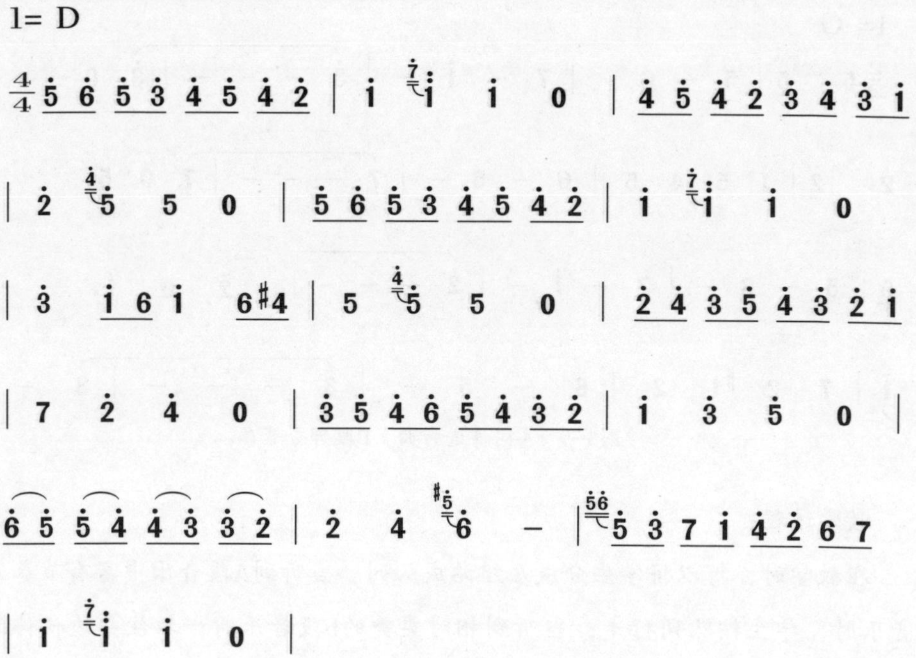

图3-10 《加伏特舞曲》主题音乐

教学过程：

为了让学生感受加伏特舞曲的特点，学习其结构形式，学习大跳音符的高低，做出了如下设计。

师：同学们，加伏特舞曲是法国古典民间舞曲，节奏鲜明，结构严谨。请大家仔细聆听，每一个乐句后面结束有什么特点？

（播放音乐，学生找特点）

师：那么，我们可以根据音的高低，击掌表示吗？

（引导学生：唱do′拍腰部位置；唱mi′拍胸口位置；唱do″拍头部位置）以此类推。

（学生在教师的引导下击掌，感受音的高低）

师：为了考验大家，请大家在乐句的前半句用踏步行进来表示，后半句用拍掌来表示。

（学生在教师的引导下，边行走边击掌进行律动）

设计意图：这一教学环节，让学生通过踏步行进、拍掌来进行音乐律动，其目的是：①对乐段进行乐句的划分；②通过行进、击掌的方式，了解乐句的结构，进一步掌握音乐的特点；③通过不同位置的击掌，辅助学生唱准音高。

总之，简单明确的律动设计才能更有效地发挥学生的主动性，让学生更积极，注意力更集中。

律动要紧扣音乐的音高、节拍、节奏、旋律、乐句、曲式等音乐元素，律动的设计为音乐教学服务。精心选择节奏鲜明、形象鲜明的音乐，抓住音乐进行律动，使动作和音乐融为一体，使动作富有音乐感。

（四）器乐融合，让表现更多元

小学生生性好奇、活泼好动，对能够吹奏出声音或能打击出声音的乐器十分感兴趣。因此，在欣赏曲的课堂教学中，教师要充分利用简易乐器，如打击乐器、口风琴、竖笛等，用伴奏、模拟演奏等方法再现音乐场景，让学生参与表达。

美国著名音乐教育家詹姆士·莫塞尔曾说：打击乐器教学可以说是通往更好地体验音乐的桥梁。教师利用打击乐固定的音色特点为乐曲伴奏，并模仿乐曲中的器乐演奏，再现音乐情景，表达音乐内容。

［案例］木琴独奏曲《我是人民小骑兵》

作品分析：《我是人民小骑兵》是一首木琴独奏曲，由手风琴伴奏。结构为复三部曲式。全曲由A段——B段——A′段组成。前24小节为引子，描绘一队小骑兵由远而近奔驰而来的形象。乐曲的A段由a+a1两个乐段组成，乐曲表现了小骑兵威武而活泼地扬鞭催马的形象。B段表现了小骑兵喜悦欢快的心情以及战马奔驰飞跃各种障碍的情景。C段是A段的变化再现和尾声，表达了小骑兵们克服困难、战胜艰险后的欢快心情，描绘出战马远远离去的意境。

教学过程：

师：刚才我们完整地欣赏了木琴独奏曲《我是人民小骑兵》，也对乐曲进行了分段，它们分别是：引子——A段（扬鞭催马）——B段（喜悦欢乐）——A′段（骏马远去）的情景。为了更好地表达作品内容，请大家选择打击乐器为歌曲伴奏吧。

（学生自由选择，教师指导学生每一段选取不同的乐器，但是一定要表现作品内容。最后在教师的组织下进行演绎。）

例如：引子部分，用响板来模仿马蹄声由ppp—渐强—mf—f—ff的力度变化；A段部分，用木鱼固定节奏为乐曲伴奏；B段部分，用响铃描绘表演场景；A′段部分，既有木鱼，又有响板。

设计意图：用乐器伴奏为人民小骑兵加油鼓劲，不仅让学生参与其中，还可以让学生很快掌握音乐作品的节拍特点和速度，这些就是音乐体验的绝妙之处。

［**案例**］器乐合奏《森林的歌声》

作品分析：《森林的歌声》是孩子们非常喜欢的器乐合奏小品，由大自然的真实音响与美妙的乐音交织而成。音乐的结构为A—B—A—B—C—A，每一段的特色非常鲜明，为了让同学们更好地掌握乐曲的划分。在最后阶段，让同学们用打击乐器为乐歌伴奏：当出现A段音乐时，用双响筒或者响板按节拍为歌曲伴奏；当出现B段音乐时，用蛙鸣器进行伴奏；当出现C段音乐时，用串铃为乐曲伴奏。

设计意图：学生通过打击乐器伴奏，既丰富了乐曲表现的形式，又对不同乐段的划分有了充分的认识和了解。

［**案例**］歌曲《划龙船》

作品分析：安徽当涂民歌《划龙船》是一首刚劲有力、粗犷豪迈的歌曲。歌曲采用“一领众和”的演唱形式，由领唱高亢嘹亮的声音唱出跌宕起伏、节拍感很强、富有号召力的单调。在领唱时，众人还按划桨的节奏呼喊着为其伴唱。

教学过程：

1. 导入，引子部分。

师：刚才同学们聆听的音乐，你们觉得是描绘中国的哪一个传统节日呢?

生：端午节。

师：对啦。每年的端午节，有水的地区都喜欢举办盛大的赛龙舟活动。划龙船时，一呼一应，气氛热烈。

下面请大家跟老师一起划船吧，边做划船动作，边按节奏唱出来。

师：为了展现由远而近的画面，你觉得应该怎么表达呢?

生：声音由弱变强。

师：那么，我们一起来唱一唱、划一划。

（师生活动：营造你争我赶、由远而近的氛围）

2. 为主题音乐伴奏。

（师生活动：学生唱节奏，教师唱歌词）

师：感谢同学们刚才的合作，为我们营造了盛大的节日情境，但在划船的时候还有一唱一和、一呼一应的方式，请大家和老师一起学唱后面的“和唱”部分。

× × × × × × × ×

哎哟 哎哟 哎哟 哎哟

师：我们一起来和一下吧。

（教师边唱边加入鼓声：× × × × | × × × × | × × × × | × × × × × | ）

师：同学们，一唱一和是音乐教学中的一种重要方法，也是号子类歌曲的一种重要形式，请大家一起加入进来吧！同学们一起来用积木凳、用歌唱来伴奏。

设计意图：在这一环节中，教师引导学生通过号子、拍打积木凳、敲击大鼓等形式，共同营造了一种你追我赶、一呼一应的热闹气氛。

（五）描画图谱，让乐曲更直观

图形谱，也称音乐结构图，即将抽象的音乐用形象化的、通俗易懂的、简洁明了的图画、符号的方式予以表现。教学中运用图谱，既可以具体形象地呈示音乐作品的审美要素——旋律、节奏、结构等，还可以帮助学生更深刻地感悟、体验、表现音乐，成为学生学习音乐的有力帮手。

1. 巧用图形谱，丰富音乐课堂

采用图形谱这一教学法，能有效地刺激学生的视觉感官，进一步让学生准确地感受、体验音乐，图形谱中生动、形象的描述，激发了学生学习音乐的兴趣，促使他们积极参与到各种音乐活动中去，让音乐课堂变得精彩纷呈、活力四射。

例如，小提琴独奏曲《蜜蜂》是由德国小提琴家弗朗索瓦·舒伯特创作的。乐曲短小精炼、形象鲜明，采用了比较活泼的小快板速度演奏，具有“无穷动”的特点。一开始连绵不断的由半音构成的三连音，模仿了蜜蜂振翅飞舞、盘旋起伏、漫天飞舞的音乐特点。具体乐谱如图3–11所示。

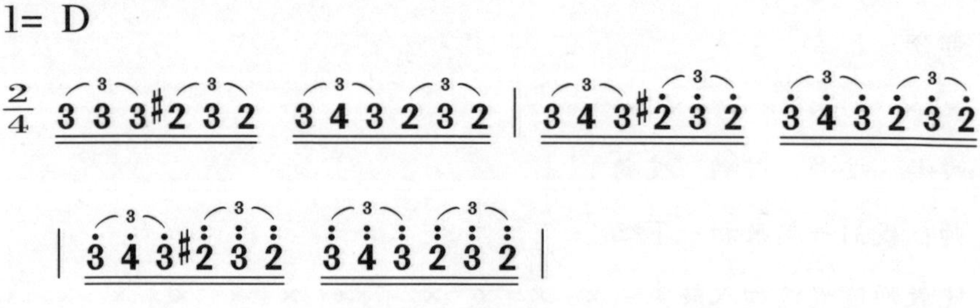

图3–11 《蜜蜂》片段

为了充分感受音乐特点，学生在教师的带领下，随着音乐用画图形谱或手势来表现蜜蜂飞舞的路线（见图3–12），引导学生思考：蜜蜂为什么这样飞？你还可以根据音乐旋律特点以及对音乐的理解和感受自行选择与创编。这样，学生根据自己课外阅读的知识，融合音乐旋律特点，进行创编和设计，学生学起来兴趣盎然，从而取得了良好的教学效果。

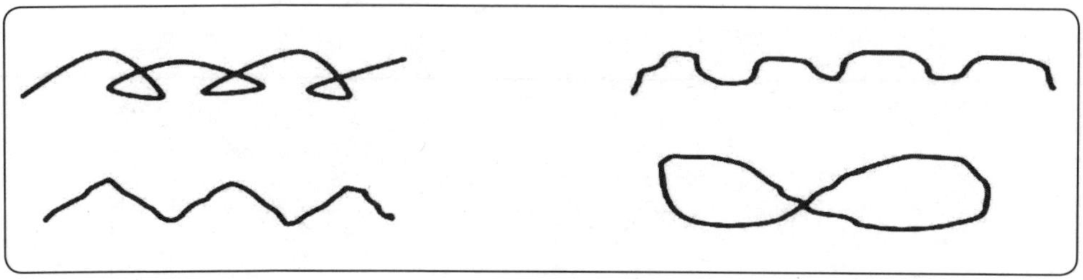

图3-12

2. 利用图形谱，传授音乐知识

图形谱作为一种新兴的音乐教学手段，通过实物、点、线等图形或符号，将抽象的音乐具体化、形象化、直观化，合理地利用图形谱，不但可以盘活课堂，还可以深刻领会、掌握音乐知识。

例如，在全国第七届中小学音乐观摩活动中，山东省青岛市的杨官妮老师讲授的音乐欣赏课《晨景》就充分利用图形谱，让学生在视觉、动手中掌握音乐知识。

再如，乐曲的第一段，通过长笛和单簧管连续向上方三度移调，讲述了一轮红日从海平面上冉冉升起的场面。为了让学生更深刻地领会移调带来的音乐色彩的变化，杨老师巧妙地将音乐知识融入图谱，利用多媒体对图形谱的动态演示（见图3-13），让学生感觉流动的旋律线条和色彩的变化。

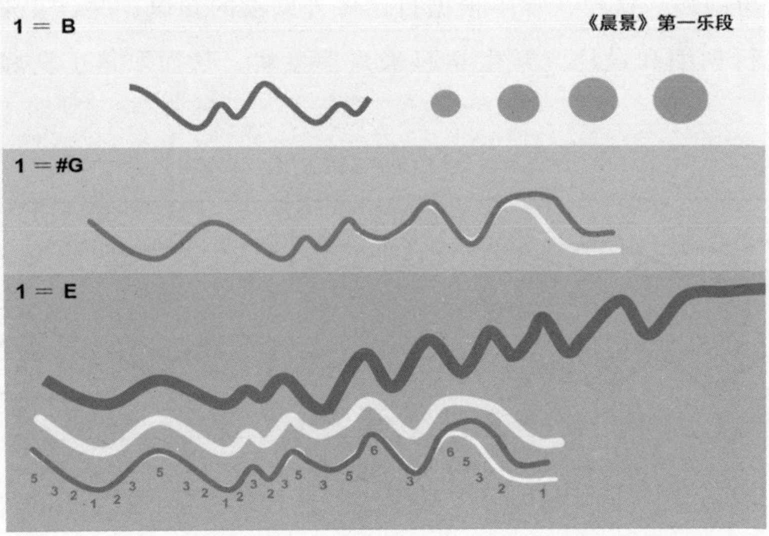

图3-13

在之后的不完全再现段时，杨老师又充分利用螺旋式图形谱（见图3-14），让学生巧妙地理解颤音，为学生把握颤音特点、应用颤音知识打下了牢固的基础。

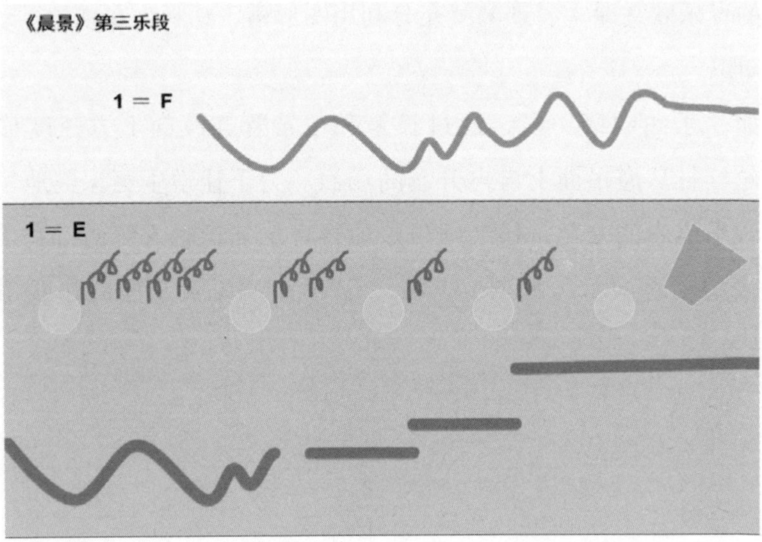

图3-14

3. 运用图形谱，感知旋律特点

乐曲的旋律是音乐作品的灵魂，是音乐表现的基本要素。适度运用图形谱，通过画旋律线或比画不同的旋律线条方式，可以让学生直观地体验和感知音乐旋律的走向、情绪的平缓与起伏、力度的强与弱、乐句的长与短，引导学生主动探索、领悟和体验音乐中蕴含的美，更深刻地理解音乐表达的不同形象。

例如，在全国第七届中小学音乐观摩活动中，北京市的丁艳茹老师执教的音乐欣赏课《瓷偶女皇》，其中有两个重要角色，一个是“瓷偶”，另一个是“女皇”。

描绘“瓷偶”的音乐（见图3-15）——节奏密集、旋律起伏、音乐明亮，刻画了“瓷偶”活泼、小巧的形象。

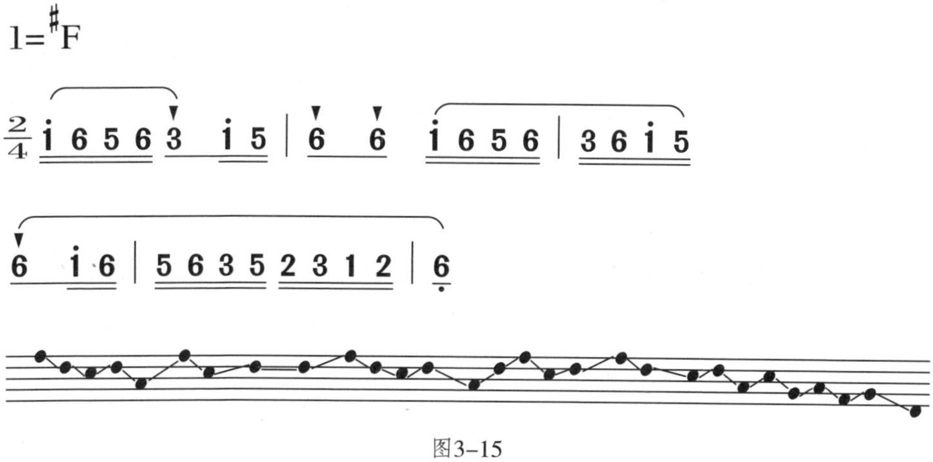

图3-15

塑造“女皇”的音乐（见图3-16）——节奏平缓、旋律平稳、音乐庄重，刻画了“女皇”威严、庄重的形象。

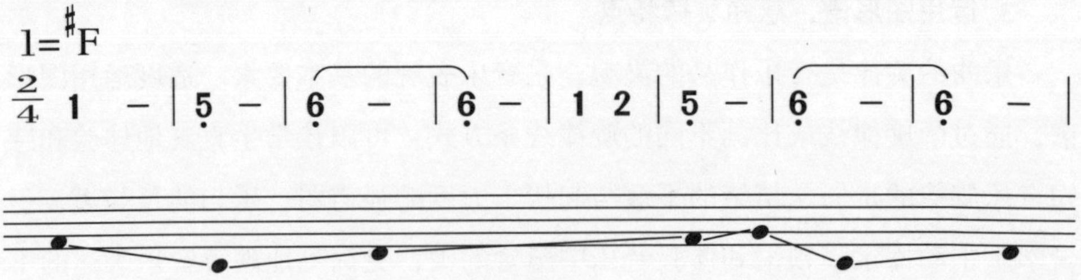

图3–16

为了让学生充分体会两种旋律的特点，进一步探究不同形象的音乐表达方式，执教老师巧妙地运用了画旋律线的办法，让音乐变得形象具体，学生通过图形谱非常直观地分辨出不同音乐表达的不同角色。

4. 活用图形谱，剖析曲式结构

乐曲的结构是音乐作品的筋脉，了解了乐曲的结构就知道了音乐作品的构成。欣赏教学中，如果要求学生在欣赏中不借助任何形象的事物，要他们感知乐曲的结构有一定的难度，但在音乐欣赏教学中，借助图形谱，将乐曲结构浅显化、直观化之后，学生则一目了然。

例如，在全国第七届中小学音乐观摩活动中，山西省太原市的赵利贞老师执教的二年级欣赏课《跳圆圈舞的小猫》，是一首充满童趣、童真的乐曲，形象描绘了一个天真活泼的小猫在优美的圆舞曲音乐的伴奏下欢快起舞。

二年级的小朋友对乐曲的结构还不了解，但为了让小朋友更深刻地领会并记忆乐曲，赵老师在听第一遍乐曲时，就边听边根据旋律走向，在黑板上画出了音乐的图形谱（见图3–17）。这样，学生看着图形谱，虽然不明白A+B+A′的曲式结构，但对乐曲的基本框架也铭记于心，最后在图形谱的指引下进行了各种有针对性的音乐活动，取得了良好的教学效果。

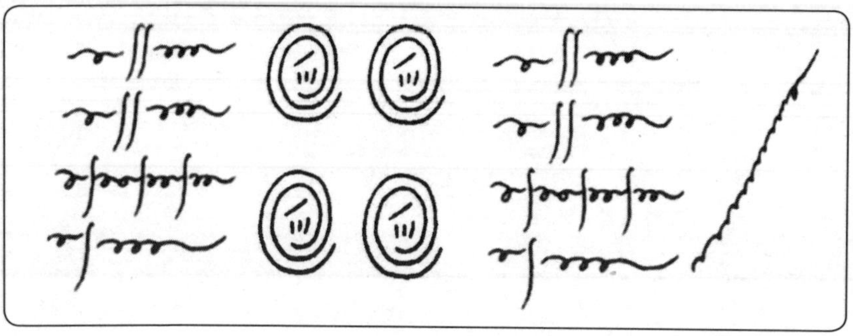

图3–17

5. 妙用图形谱，理解音乐形象

对图形谱的巧妙设计，有时还可以刻画音乐形象，加深学生对作品的了解，达到作者所需要的情感意境的高度，使学生在音乐的流动中得到心灵的感悟。

例如，来自东莞市横沥镇中心小学的陈秋敏老师就很好地诠释了这一要求。她在教学二胡独奏曲《赛马》时，第二乐段主题旋律（见图3–18）热情奔放，形象地表现了草原赛马你追我赶的情景。为了烘托形象，主题进行了三次变奏。第一次运用了二胡的“拉弓”，第二次运用了二胡的“顿弓”，第三次运用了二胡的“拨弦”。为了让学生深入理解，教师针对不同段落画出了不同图形谱（见图3–19）。

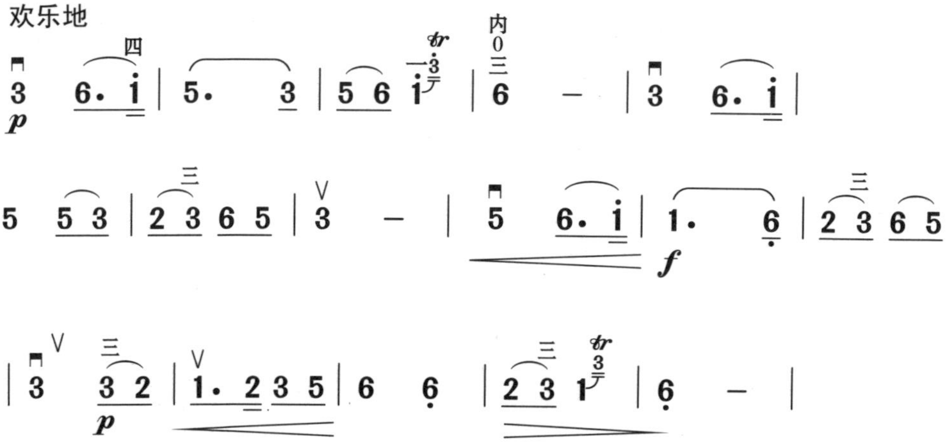

图3–18 《赛马》主题旋律

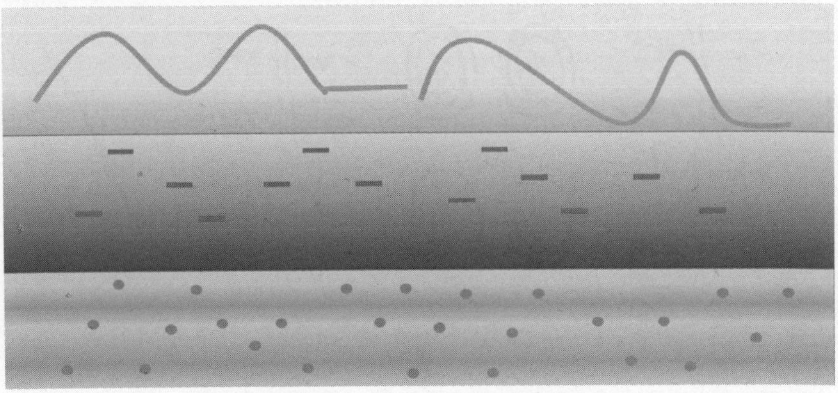

图3-19 《赛马》主题图形谱

6. 善用图形谱，参与音乐体验

音乐是一种神奇而美妙的艺术，流动的音符组合能把人带入崇高的审美境界。图形谱能以最简单的图形画出来，让学生更深入地理解音乐，并在图形谱的指引下，根据音乐的发展，随着音乐动起来。

例如，浙江省的陈凌秋老师执教的《暴风雨》就通过聆听、感受、画旋律线、进行音乐创作等，让学生体验到不同的音乐语言所表达的不同音乐情景。

第一乐段第①主题，为表现大峡谷的陡峭、幽深以及感受暴风雨来临前的寂静、壮美。根据乐曲的旋律，陈老师让学生边聆听边描画（见图3-20），在实践中体会科罗拉多大峡谷的起伏连绵。

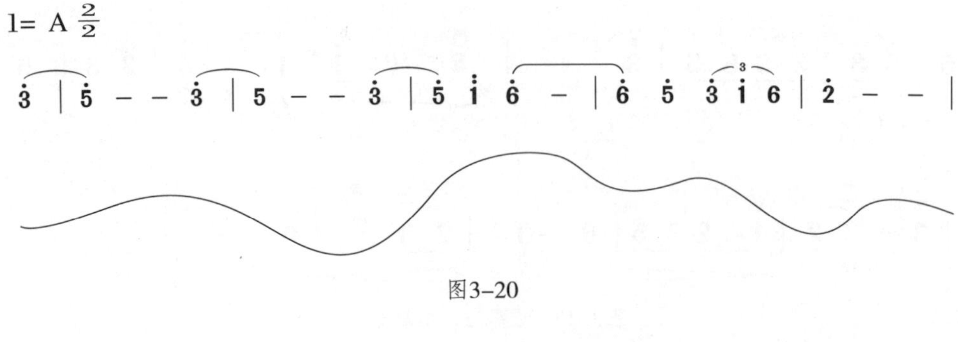

图3-20

第一乐段第②主题，为让学生体会到暴风雨来临前的沉闷、紧张，乐曲进行了一系列级进的旋律进行手法。陈老师也巧妙设计了如图3-21所示的图形谱，使音乐旋律与绘画完美地结合起来，形象地表现了大峡谷阶梯状的特征，形象生动的旋律线条，使学生对第②主题有了深刻的了解和记忆。

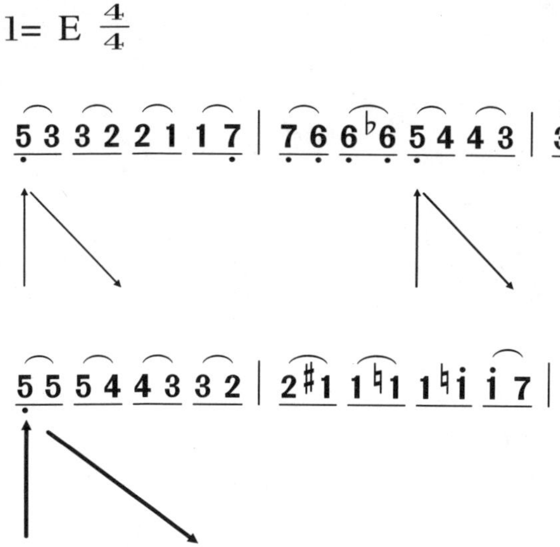

图3-21

第二乐段是乐曲的展开段，展现了电闪雷鸣、风雨交加的情形，陈老师又借助乐器图谱用拍手、拍腿、钢琴分别代表闪电、雷声、雨点（见图3-22），让学生根据图形谱对乐曲进行创编，在乐曲进行中加入声势，取得了不错的音乐效果。

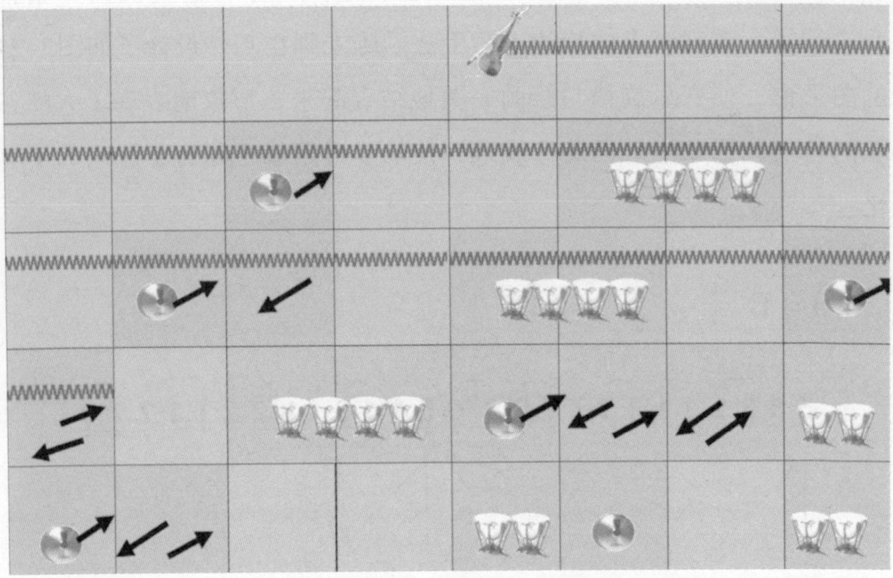

图3-22

（六）情景表演，让乐曲更形象

《义务教育音乐课程标准（2011年版）》中明确指出，要培养小学生的审美情趣，在小学音乐课程中渗透美育教学，使学生徜徉在艺术的世界中，获得精神上的丰盈。小学音乐教师将情景表演渗透到课堂教学活动中，不仅可以提高学生的课堂参与度，而且可以使学生沉浸在表演世界中，感受音乐的内在美。每个音乐作品中都潜藏着一定的思想内涵，如果仅靠教师讲述，学生往往难以理解，这就需要学生广泛参与，学生在表演中既可以表达自己的情感，又可以获得内省和提升。

1. 营造气氛，激发情景表演兴趣

经常说：兴趣是最好的老师。但兴趣也是需要激发的，需要教师创造一种氛围，搭建一把梯子，才能让学生爬得更高，看得更远。

［案例］管弦乐《海上风暴》

作品分析：管弦乐《海上风暴》选自挪威作曲家格里格作于1891年的管弦乐《培尔·金特第二组曲》，又名《海上风暴之夜》。描写了培尔·金特在美洲淘金成为百万富翁后乘船回国，在海上遇到风暴袭击的情景。

乐曲开始，由两个不同性格的动机将乐曲的戏剧性气氛不断地推向高潮。乐曲中部，长笛、小提琴和大提琴交替演奏半音阶构成的旋律，描写海上的惊涛骇浪，气氛十分紧张。后半部分，由大鼓、定音鼓和低音提琴用震音奏出低沉的音响，进一步烘托了呼啸的狂风和令人恐怖的电闪雷鸣。随后，海上风暴渐渐平息，音乐变得越来越宁静。

作为二年级的学生，对于这样一首气势宏大的乐曲，假如只从音响上来诠释作品，学生肯定会觉得枯燥乏味。合肥市方桥小学李艺玮老师采用情景表演的形式，让学生学得开心、掌握知识、感受意境，收到了良好的效果。

教学过程：

1. 导入。

师：自然界有很多种声音。比如……你们听，这是什么声音？

2. 用WU练声（听海风吹过的声音）。

3. 初听。

师：大海一直都是平静的吗？听听这又是什么样的大海？

生：愤怒、海啸、漩涡……

师：大海有时候是波涛汹涌的，大海也有发怒的时候，它一发怒，海上风暴就要来了！在听的过程中，请用动作或者表情告诉老师你们的感受。

（板书课题《海上风暴》）

（学生表现出可怕的表情、抱紧双臂等）

4. 复听。

师：如果你们此刻就在海上，你们的心情怎么样？

生：害怕、慌张……

师：海上风暴那么可怕，你们还记得刚才海面上的那只海鸥吗？它要怎么做？

生：它飞得很高。

5. 聆听第一段。

师：面对海浪，海鸥是渺小的，那么，它在音乐中的表现应该是强的还是弱的？接下来，请你们从第一段音乐中寻找弱的音乐，做出海鸥飞翔的动作。

师：音乐中比较强的部分是模仿什么的呢？

生：海浪、龙卷风。（教师模仿强的部分，学生模仿小海鸥）

师：我们分组模仿一下，谁先出场还记得吗？（海浪）

（学生自己跟音乐模仿）

（板书：惊慌）

6. 聆听第二段。

师：听到第一段最后小海鸥被追上了吗？（没有）

师：海上风暴结束了吗？

生：没有！

师：它准备掀起更高、更大的浪花，我们听一听海浪是从哪里爆发的？在音乐的哪个部分爆发的？前，中，还是后？（中）

师：它在爆发前有什么明显的暗示呢？

师：同学们，让我们准备像海浪一样爆发吧！（学生手拉手或者手挽手）

［分组活动，部分小组加入道具，随音乐舞动（板书：海浪）］

7. 聆听第三段。

师：海鸥在干什么？

师：海鸥没有逃走，这次它选择勇敢搏击。我们仔细听，听海鸥搏击几次，在心里记下来，等会儿举手告诉老师。

（板书：搏击）

师：跟着老师一起来数一数。

8. 聆听第四段。

（板书：幻想）

9. 聆听最后一段。

（板书：平静）

（学生做海鸥飞翔的动作）

10. 介绍歌曲背景。

11. 完整聆听，小组合作表演。

12. 拓展升华。

13. 小结。

设计意图：本节课为二年级上册的内容，如果只是体验与感受的话，效果肯定大打折扣。但是本节课教师充分利用乐曲变化，将其形象化为海鸥与海浪的搏击，将整堂课情境化、形象化，让学生充分感受到乐曲的跌宕起伏，感受到戏剧性气氛、情绪的变化，达到了非常好的教学效果。

2. 创设情境，深挖音乐作品内涵

情景表演不只是单一的形式，不只是让学生随节拍和节奏跳一跳、唱一唱。教师应设置一些表演形式，创设一些表演情景，使学生沉浸到表演中，进而在多样化的表现中感受音乐，体悟创作者的灵魂。情景表演的形式有很多，如分角色舞蹈表演、即兴表演、编制情景剧等，多样化的音乐表现形式可以使音乐变得更具情感，使抽象的艺术更生动具体，更具生活意蕴。

［案例］古琴独奏《关山月》

作品分析：古琴曲《关山月》是汉代乐府歌曲之一，属于“鼓角横吹曲”，是当时守边将士经常在马上奏唱的。唐代大诗人李白曾为之填写新词，内容是抒写作者感怀古代边防战士的艰难困苦，借以非议唐代统治阶级的穷兵黩武，有反对侵略战争的意思。现存《关山月》的曲谱，比较早的是1768年刊行于日本的《魏氏乐谱》，据说为明朝末年避难于日本的魏侯（之琰）所传。歌词就是李白填的"明月出天山，苍茫云海间"那一首。

此曲是由六个乐句组成的，带有再现的单段体。每个乐句都有上下呼应的两个乐节，前三个乐句均落于徵音——泛音，后三个乐句均落于宫音——实音，前面五个乐句可反复，最后以开始乐句的变化再现而结束。曲虽短小，但音韵刚健而质朴，气魄宏大，抒壮士之情怀，真挚感人，富有浓厚的北地音乐风味。

教学过程：

1. 教师朗诵，创设意境。

教师朗诵并讲解：明月出天山，苍茫云海间。长风几万里，吹度玉门关。

同学们，这是中国唐朝伟大诗人李白的《关山月》，诗歌形象地描绘了辽阔的边塞风景，也表达了诗人对家乡的无限思念。

同学们，你们可知道，刚才老师在朗诵时的背景音乐是什么呢？它是什么乐器演奏的呢？

今天就让我们穿越中国几千年的历史，去感受中国最古老的乐器之一——古琴。

2. 微课展示，营造意境。

微课展示：古琴，又叫瑶琴、玉琴、七弦琴，是中国传统的拨弦乐器，已经有3000年以上的历史了。其琴身狭长约1米，是用桐木或杉木制成的，有7根弦，分别是中国传统五声调式中的56、12356。古琴没有品，但在琴身有13个圆形的白点，叫作"徽"，以此来确定音的位置。

古琴音域宽广，音色古朴、浑厚，余音悠远，能表达"安静悠远"的意境。它是中国传统文化"琴棋书画"之首，是汉文化中地位最高的乐器。今天，就让我们一起聆听古琴独奏曲《关山月》，一起去感受古风古韵吧！

3. 聆听乐曲，感受意境。

师：请同学们先听音乐，然后回答下面的问题。

这首乐曲的速度怎么样？你感受到了什么意境？

同学们，你答对了吗？对啦，这是一首慢速的乐曲，仿佛描绘了一名边关战士看着边关的月亮，浅吟低歌，好像思念着自己的亲人。

为了表达内心的倾诉，乐曲中用了许许多多古琴的技法。

在演奏时，一般将琴置于桌上，右手拨弹琴弦、左手按弦取音。右手演奏时有托、抹、挑、勾；左手有吟、揉等技法。那么就让我们随着视频中的演奏家，一起模仿演奏《关山月》，你一定能感受到更深层次的内涵。

4. 模仿演奏，体验意境。

师：同学们，看了视频的演奏，你再次感受音乐的内涵了吗？对啦，这首曲子表达了思念之情，全诗还弥漫着对战争的哀怨之情。

其实，古琴音色古朴、生涩，可能很多人听不懂乐曲所表达的思想情感，所谓知音难觅，为了让琴声更加深入人心，音乐家们将诗歌与乐曲完善融合。让乐曲的韵律与诗歌的韵律丝丝入扣，更好地诠释内心的情感。

好，那么就让我们一起欣赏著名演奏家乔珊为我们弹唱这一首古琴名曲《关山月》吧！

5. 深入体验，创设意境。

刚才同学们欣赏到的就是古琴中的重要表现形式——琴歌。

琴歌，即抚琴而歌，是中国古琴艺术的重要表现形式之一，是诗词与音乐相结合的艺术，能够较好地表现古琴富于歌唱性的特点。

下面请同学们跟着音乐吟唱歌词，并且创编动作，表达意境吧！

设计意图：古琴是中国古代音乐中一种重要的乐器，排在“琴棋书画”之首，有“高山流水”“知音”等美丽的传说。随着时代的变迁，古琴这种乐器已经逐渐淡出历史的长河，学生知之甚少。

为了让学生了解这种乐器，体验乐器所表达的深远意境，在本节课中采取了大量方法。例如，了解乐曲与诗歌的相融相通，了解古琴这种乐器，了解乐器的结构特点，了解琴歌等知识。但在教学的各个环节中，都紧紧依靠乐曲的表现形式，深入浅出，营造各种氛围、意境，让学生既可以了解相关的音乐知识，又可以感受到乐曲本身的内涵与魅力。

第四章　小学音乐欣赏教学的有效评价

教学评价是考查学生学习成效的重要渠道，是教学工作一个不可或缺的环节，是监督和提升教学质量的重要手段，也是教育科学研究的一个重要组成部分。

《义务教育音乐课程标准（2011年版）》提出的一系列评价原则和规范导向主要从学生的音乐学习角度出发，它要求音乐课程的评价应在体现素质教育目标的前提下，着眼于评价的教育、激励与改善功能，并且有利于学生了解自己的进步，增强学习信心和动力，促进课程学习目标的实现。

《义务教育音乐课程标准（2011年版）》规定的主要评价内容有：

以本标准中各教学领域的课程内容为基本依据，全面考查课程内容所涉及的“情感态度与价值观”“过程与方法”“知识与技能”方面的要求。如学生对音乐的兴趣爱好与情感反应，学生在音乐实践活动中的参与态度、参与程度、合作愿望及协调能力，音乐学习的方法与成效，音乐的体验与感受能力，音乐的表现与编创能力，对音乐与相关文化的认识、理解，审美情趣的形成以及掌握知识、技能的实际水平等。

对小学音乐欣赏教学有效性的评价，有助于小学音乐教师明确自身职责，加强自我管理，有意识地调整教学方式方法，提升教学效果，实现教师自身的专业发展。对于学生来说，有效的教学评价可以极大地提高学习兴趣，提升学习效果，引导其树立正确的学习观与发展观。

下面主要从小学音乐欣赏教学效果评价与小学音乐欣赏学生学习评价两个方面进行阐述。

一、小学音乐欣赏教学效果评价

教学评价是根据教学目标的要求，通过系统地收集信息，对教学活动的社会价值进行判断的过程。

小学音乐欣赏教学有效性的评价是一种价值判断，能够对小学音乐欣赏教学过程中存在的种种低效问题进行鉴别和剖析，帮助教师分析背后存在的原因及改进策略，及时改进、调整教学行为，提升小学音乐欣赏课堂的实效性。

（一）构建课堂整体评价量表

广东省东莞市自2021年开始推进“品质课堂”，并明确指出：“品质课堂”在教学理念上追求有教无类、因材施教，坚持素质教育导向；在教学目标上追求从学科教学转向学科育人，聚焦学生核心素养；在教学方式上追求打破传统单一的教学模式，倡导启发式、互动式、探究式教学；在教学手段上追求信息技术与教学深度融合，充分发挥优质教学资源的支撑作用；在教学效果上追求全面提升学生学习品质，让课堂成为学生健康成长的快乐天地、教师专业发展的精彩舞台。

构建“音乐品质课堂评价量表”（见表4–1），对各项指标进行量化，其目的是引导、促进教师教学观念和行为转变，提升课堂教学品质。

表4–1　东莞市义务教育“音乐品质课堂评价量表”

一级指标	二级指标	评价要素	得分
教师教的品质（50%）	教学理念（5%）	围绕立德树人根本任务，以课程标准为依据，以培育和发展学生核心素养为目标，充分发挥学科美育功能，关注信息化环境下的音乐教学改革，关注学生音乐核心素养个性化、多样化的学习和发展需求，促进学生成长和终身发展	

续表

一级指标	二级指标	评价要素	得分
教师教的品质（50%）	教学目标（5%）	体现音乐学科育人价值，围绕“审美感知、艺术表现和文化理解”，落实学生音乐核心素养发展；表述具体明确，切实可行；重难点、关键问题把握准确	
	活动设计（5%）	面向全体学生，遵循音乐学科课程标准要求，突出音乐学科特点。符合学生各年段音乐认知发展规律；整合音乐教学资源，精选学习素材，以问题为导向，任务驱动；要求明确，有利于学生自主探索、合作交流，促进理解	
	教学行为（30%）	营造宽松、融洽、和谐、平等、协同（互助）的课堂氛围，打造具有审美情趣、学科智趣和人文温度的课堂基调	
		课堂教学充分体现“双主”理念，在充分发挥学生主体性的同时，有效落实教师作为组织者、引导者、合作者、评价者的作用	
		体现先进教学行为（问题驱动、开放式、启发式、探究式、体验式）并有效组织学生反馈、交流、互动	
		重视学生学习习惯、学习方法、思维能力的培养，陶冶高尚情操，发展审美创造力，提高道德修养	
		面向全体学生，关注个体差异，因材施教，促进学生个性化学习，进行多元化评价，且评价方法实施得法有效，全面实现“以美育人”的课程目标	
		遵循音乐学科课程标准要求，突出音乐学科特点，符合学生各年段音乐认知发展规律；准确地分析、挖掘和创造性地使用教材，有效整合音乐教学资源；教学方法恰当，教学设计创新，突出信息技术与课堂教学的深度融合	
	个人素质（5%）	普通话标准、语言精练、表述准确、科学逻辑性强；教态亲切大方、课堂组织能力强；准确理解课标，正确教授课程内容，教学基本功扎实，范唱、范奏规范并充满美感，具有感染力；板书条理清晰、提炼精准、布局合理	

续表

一级指标	二级指标	评价要素	得分
学生学的品质（50%）	参与情况（5%）	全员参与、全程投入、讨论积极、展示踊跃、发言主动、倾听认真、合作有效	
	思维状态（10%）	主动、独立、深度思考；发现、提出、分析、解决问题；大胆质疑，批判性思考；发挥想象、勇于创造	
	合作交流（10%）	积极讨论，主动分享，同伴互助，大胆交流，师生、生生有效互动；善于倾听，表达清晰准确；欣赏他人，虚心接受意见	
	知识发展（10%）	掌握新的音乐知识与音乐表现技能，学科思维能力得到发展，真正理解知识，知识与技能目标达成度高	
	能力发展（10%）	获得科学有效的学习方法，积累思维经验，养成良好的学习习惯，自我监控、反思能力及学科素养得到发展	
	情感态度（5%）	获得积极的情感体验，提升学习兴趣，增强自信心，建立科学的世界观、人生观和情感态度与价值观	
总分			
总体评价与改进建议			

综观整个评价量表，我们可以梳理出整个品质课堂改革发展的方法与指向。

1. 明确“落实立德树人，提升核心素养”的课堂新目标

评价量表第一点就指出，要紧紧围绕立德树人根本育人任务。那么，作为以审美为核心的音乐学科，如何充分发挥美育功能，将立德树人贯穿到整个教学过程中?

学生在音乐教学中不仅要传授基础的音乐知识，更重要的是强化学生整个人生观、世界观的塑造。如爱祖国、爱人民、爱生活、爱劳动，帮助学生树立责任感和理想抱负，促使学生的思想道德达到更高的标准，为社会培养更多高素质的人才。

教师在整个教学过程中，就是要提升学生核心素养。中共中央办公厅、国务院办公厅印发的《关于全面加强和改进新时代学校美育工作的意见》指出，在学生掌握必要基础知识和基本技能的基础上，着力提升文化理解、审美感知、艺术表现、创意实践等核心素养，帮助学生形成艺术专项特长。以大爱之心育莘莘学子，以大美之艺绘传世之作，努力培养心灵美、形象美、语言美、行为美的新时代青少年。

2. 构建“彰显学生主体，体现主动探究”的课堂新样态

从评价量表中，我们可以发现一个重要改革，就是教师教的品质与学生学的品质各占50%，并对学生的参与情况、思维状态、合作交流、知识发展、能力发展、情感态度做出明确的量化。

这就要求音乐教师在教学的过程中要更加关注学生，让学生由从前的受众变为主动学习的群体。教师要根据音乐学科的特点，创设音乐情境，让学生根据音乐情境主动参与，在参与中发挥主体作用；设计音乐活动，让学生在活动中提升主体参与能力；小组合作讨论，在小组学习与合作学习中不断探究音乐中的美与奥秘。

3. 优化“依据课程标准，促进师生发展”的课堂新评价

本评价量表中并没有脱离课程标准，标新立异，它应该是基于对课程标准的深度解读，然后做进一步的具体化落实指标；在课程标准的指导下，对课程标准的具体要求加以量化。

更难得的是，希望通过课堂的新评价，促进师生共同发展。让优质课堂向品质进发，让品质课堂更有品位、有韵味、有人情味。

4. 探索“优质资源支撑，信息技术赋能”的课堂新方式

随着信息技术的高度发展，世界已经进入信息化时代。将学科教学和信息技术深度融合，既是教育教学所需，更是教育改革的必然趋势。如何实现音乐教育教学与信息技术的深度融合，落实立德树人根本任务，是值得音乐教育工作者深刻思考和不断探索的新课题。因此，品质课堂以生为本、以学为主，在学以致用的理念下有效运用信息技术，达成感知、认知、辨别、运用，促进学生学科核心素养的逐步养成。

（二）课堂教学目标评价准则

1. 准确设定教学目标的意义

教学目标是指教学活动预期达到的结果，是教育目的、教学目标和课程目标的具体化，也是教师完成教学任务所要达到的要求和标准。它是音乐教师开展教学工作需要达到的标准与学习预期，是专门为教师教学提出的总体性要求。

教学目标一定为指向学生需求而考虑，结合学生的基本情况与教学内容对某一教学环节预设所达到的目标，怀揣着接受的心态确定学生可达到的标准。因此，合理的音乐教学目标设计能使音乐教学工作更加具体化和明确化，是上好音乐课的基础。对课堂教学目标的定位是否准确，预设是否适当，脉络是否清晰，是否基于学生的思维而设定就显得尤为重要。

课堂教学目标比课程目标更具体，是课程目标在具体教学过程中的体现。在某一学科的课堂教学中，教师需要根据课程目标和具体的教学内容来

确定详细的教学目标，以便选择教学内容和确定教学效果。

因此，对于课堂教学的评价，首先基于教学目标的制定与现实情况。义务教育阶段音乐课程目标表述为三个维度，分别是情感态度与价值观、过程与方法、知识与技能。

新课标将“情感态度与价值观”放在首位，这是由音乐课程的价值和性质决定的，音乐教学以审美为核心，因此，在音乐教学中所选取的教学方式与教学内容必然要体现立德树人的高度，培养学生的审美情趣，陶冶学生的情操，帮助学生树立正确的人生观与价值观。“过程与方法”指向于在体验、模仿、探究、合作中采取何种方式、方法。“知识与技能”则关注通过音乐课程学习后具体掌握的相关音乐知识与音乐技能。教师只有对课程标准有整体的把握，才能准确设定教学目标，才能在实现教学目标的过程中达到最后立德树人的总体目标。

2. 准确设定教学目标的维度

具体来说，教学目标的设定应遵循以下几个维度。

（1）目标的设定，有没有立足于整个课程目标的实现？有没有关于学段的目标？

正如前面所说，欣赏课是一个多面体，同一首作品，低年级学生可以欣赏、中年级学生可以欣赏、高年级学生可以欣赏，甚至中学生、大学生都可以欣赏。但编者意图怎样？这首作品安排在这里的目标和作用是什么？这就要求教师要有的放矢、认真把握。只有站在一个整体的高度、全局的高度，才能准确设定教学目标。

（2）有没有体现以学生为主体？有没有关注学生的心理、生理特点？

音乐教学目标的确定必须以学生为出发点，根据学生的实际情况，以音乐作为载体，确立合理性强、可操作性强、能够切实实现的教学目标。教师在确定教学目标时，一定要全面考虑学生的心理、生理特点，确定学生学习的起点能力。真正运用“跳一跳，摘果子”的经验，要言之有物。目标既不能设定太低，也不能设定太高。设定太低，学生食之无味；设定太高，学生无法达到，从而失去兴趣。我们只有不断进步，才能提升学生的获得感与成就感。

（3）在情感态度与价值观这一维度设置中，是否关注了学生的学习兴趣？具有哪些情感体验、审美体验？是否关注学生的聆听习惯及方法的养成？

（4）在过程与方法维度中，在学生体验、模仿、探究、合作中，本节课涉及了哪些内容？所使用的方法是否合理，是否是基于全体学生的基础上进行的，符合大多数学生的实际程度？

（5）在知识与技能维度中，在音乐知识、音乐技能及音乐文化中，本节课涉及哪些内容？学生通过哪些方式方法可以达成？

（6）对本节课的重难点把握是否准确？是否有准确的方式、方法突破这些重难点？

（三）课堂教学过程评价准则

一堂好的音乐课一定是在课堂中实现的，是在教学过程中通过各种教学手段、教学方法达成最后的教学效果。因此，对于一堂音乐课的评价，应从以下几个方面出发。

1. 教学目标是否达成

教学目标是否达成是评价一堂课好坏的标准所在。课时目标是通过各个环节目标的落实，层层递进、循序渐进来实现的。在实现教学目标的过程中，教师所关注的一定是基于作品本身，从作品本身所蕴含的音乐要素入手进行感受、体验、创造，学生在学习过程中一定要积极参与、深入体验、发展创造，而不仅仅限于形式，走个过场。

学生最终学习效果的好坏是教学目标实现与否的有效检测，是教学评价的一个重要内容。

2. 教学条理是否分明，脉络是否清晰

教学的各个环节由什么构成？（主要含导入、完整聆听、分段聆听、主题聆听、拓展）整个流程下来条理是否分明？脉络是否清晰？

一堂好的音乐欣赏课犹如一首名曲，有引入、有铺垫、有高潮、有尾声，各个环节收放自如，各个环节思路清晰，各个环节详略得当，各个环节受益良多。有引导、有生成、有发展，就如一首名曲浑然天成，这便是欣赏课堂的最高境界。

3. 教学重难点是否突破

教学重难点来源于教学目标，是教学目标的一个重要组成部分，是课时教学中教师必须达成的一项教学指标。在课时教学中对教学重难点的有效突破，是课时教学目标实现的一个主要手段。

课时教学重难点是教学目标的具体化，有助于完成教学内容、教学目标，但在实际的教学过程中，不同的班级由于基础不同，会呈现出千变万化的学习状态。这就考验教师一定要审时度势，及时调整，达成预设目标。

（四）课堂教学结果评价准则

1. 是否遵循听觉艺术的规律，突出音乐的学科特点

突出音乐的学科特点是2011年版音乐课标中反复强调的内容，音乐老师要守土有责，在音乐教学中体现音乐学科的价值取向。《义务教育音乐课程标准（2011年版）》在“教学中应注意的几个问题”中，第一条即特别要求音乐教学的执教者应“遵循听觉艺术的感知规律，突出音乐的学科特点”，其明确指出：音乐是听觉的艺术，听觉体验是学习音乐的基础。发展学生的音乐听觉应贯穿于音乐教学的全部活动中。教师要引导学生喜爱音乐，加深对音乐的理解，充分挖掘作品所蕴含的音乐美，用自己对音乐的感悟激起学生的情感共鸣；要善于运用生动活泼的形式进行教学，并将思想品德教育寓于音乐实践中，让学生在艺术的氛围中获得审美的愉悦，做到以美感人、以美育人。

因此，教师在教学过程中一定要遵循音乐学科的特征，进行各种教学，这既是音乐学科的精髓，也是音乐学科的特点所在。

2. 是否给予学生审美体验，提炼作品审美因子

作为一线教师，一定要做好案头功夫，做到功夫在平时，功夫在前头，找出音乐作品中所蕴含的审美因子。任何一部作品都有值得挖掘的细节。细节决定成败，对作品进行深入的研究和分析就会带来一个深刻的音乐课堂教学，只有深刻的音乐课堂教学，才能引发孩子们内心深刻的情感震撼，也更接近今天课标对音乐课堂的要求，更加明确了教师应该追求的方向。

3. 是否引导学生参与、探究、合作、交流

参与、探究、合作、交流都是我们在音乐教学中采用的有效教学方式、方法，对于培养学生在音乐欣赏教学中的情感态度与价值观十分重要。学生只有在参与中才有切身体验，只有在合作、探究中才有分享的快乐和合作的愉悦，才能逐渐培养起一种沟通、理解与合作的技巧，形成对他人、对集体的积极的态度。

二、小学音乐欣赏学生学习评价

（一）学生学习效果评价准则

欣赏教学是小学音乐课程的重要内容之一，是培养和提高学生音乐素养的一个重要手段。但是，欣赏教学并不是为了选拔和甄别优秀人才，而是让全体学生在学习过程中体验学习欣赏所带来的收获和成就感。所以建立多元化欣赏教学评价方式，着眼于学生的发展和提高，关注学生的感受和体验，已成为欣赏教学评价的必由之路。那么，如何实现教学评价由甄别、选拔到激励、促进的华丽转身呢？

《义务教育音乐课程标准（实验稿）》将评价的基本要求及其所涵盖的内容规定为三个方面：①对学生的学业成绩进行评价；②对教师的教学效果进行评价；③对学校的教学管理、教学质量以及对音乐课程的建设和发展进行全面评价。

（二）班级音乐会的评价方式

以欣赏为主题的班级音乐会有其独特的综合性、广泛性、趣味性、竞技性，既充满童趣、童真，又符合小学生音乐教学的特点，容易引起师生的共鸣，深受广大师生的喜爱。

1. 巧置评价形式，丰富班级音乐会的内容

班级音乐会并不是单纯的学生演唱一首歌或者演奏一首乐曲，而是为学生搭建一个自我展现的舞台，要让学生在实践过程中展示才华、感受快乐、收获成功。同时班级音乐会又是对每个学生的音乐基本素养、音乐表现能力、音乐创造能力的一次大检阅。因此，教师应指导学生通过分组的形式，通过丰富的展示内容，充分发挥自己的艺术才华。

（1）形式的多样性。

音乐课的教学过程是音乐艺术的实践过程。因此，音乐学科的评价改革也应该紧紧围绕学生的艺术实践，从引导学生创造性地参与各项音乐实践活动入手，将其视作学生获得音乐审美体验的基本途径。

以欣赏为主题的班级音乐会，教师应引导学生通过各种音乐形式，鼓励学生以多种表演形式，充分发挥自己的音乐能力与音乐潜力。例如，低年级的欣赏“专题音乐会”中，可以让学生运用打击乐器伴奏、小组打击乐器合作等方式让形式多样化，而在中、高年级的欣赏“专题音乐会”中，通过用乐器或人声对一首乐曲进行齐奏、合奏、轮奏的形式运用，力求达到丰富多彩的演奏效果。

（2）内容的丰富性。

班级音乐会不是某个人的音乐舞台，也不是音乐特长生的才艺展演，而是让全体学生参与的音乐盛宴。因此，教师在开展音乐会之前，就做到心中有数，将学生按音乐素养不同，分成不同的四人小组。鼓励小组成员发挥自己的想象力，根据每个人的特点，创造性地展示小组成员的才华。例如，鼓励学生按各自特点，将学具乐器同欣赏组合在一起，让一部分人哼唱旋律，一部分人乐器伴奏；或者一部分人创编歌词、一部分人用打击乐伴奏；或者一部分人吹竖笛做旋律声部，一部分人吹口风琴做伴奏声部，一部分人用打击乐器做节奏声部，形成一个小乐队的形式。让班级音乐会的内容变得丰富多彩。

（3）编排的新颖性。

班级音乐会虽然不是真正的音乐比赛，但是也有音乐所具有的竞技性和表演的基本要素。因此，在开展之前，教师应开发学生的创造性思维，鼓励学生通过精心准备和集体智慧，让自己的节目上档次、有特点。例如：可以让朗诵与欣赏演奏相结合，形成配乐诗朗诵；可以让舞蹈、歌唱与欣赏相结合，形成歌伴舞；可以将整个流程演变成一部小小音乐剧；等等。教师充分挖掘每个人的特点与才华，让其在音乐会中尽情发挥。

2. 巧立评价标准，把握班级音乐会的方向

“没有规则，不成方圆”，班级音乐会不仅是一场表演，还是一次检阅和评价舞台，这就要求我们制定合适的评价标准，给每位学生一个综合的评价。那么，如何确定一个评价标准，让学生既有了中肯的评价，又能收获前进的动力呢？

（1）关注学生的情感态度。

音乐教育说到底，就是美育教育，让学生在学习中感受美，在活动中表现美，在实践中创造美。所以，在评价的过程中，我们一定要关注学生对音乐的兴趣程度，对音乐的理解程度，学生是否领会了音乐作品中所表达的思想、风格、感情，并通过合理的音乐元素来演绎。

例如：表达歌颂祖国的音乐时，是否庄严、稳健；表达爱家、爱山河的音乐时，是否亲切、动人；表达童年生活时，是否充满童真、童趣……这些都应成为评价的标准之一。

（2）重视欣赏角度的理解差异。

俗话说，“一千个读者就有一千个哈姆雷特”，特别是无语义的音乐作品，每个人对音乐作品欣赏角度不一样，一定会产生不一样的理解。因此，在实际的评价过程中，应对学生的欣赏能力给予鼓励性的评价。

（3）尊重学生的个性与特点。

每个学生都有不同的特点，有些学生喜欢演奏，有些学生喜欢唱歌，有些学生喜欢跳舞。只要学生还保持对音乐的兴趣，只要学生还不断地通过努力在进步、在提高，教师都应给予相应的评价。

同时，教师可以让学生自主选择课本的内容，或者将评价的内容进行分层，按难易程度设定不同层次的目标，并提出不同的要求。

3. 巧设评价方法，提高班级音乐会的实效

追求评价的多元性，重视评价的多样性，是新课程标准的基本要求，也是我们追求的目标。让学生在自评、互评与教师的评价中，不断总结、反思、提高，不仅是新课程标准的要求，也是促进学生进步与发展的有效途径。

（1）在反思中进行自评。

学生的自评是学生自我发现、自我思索、自我认识的过程，它能有效地培养孩子的自我评价能力，有助于培养学生的独立性、自主性和自我成长能力。

在班级音乐会进行之前，教师应对学生自评进行有效的培训，引导学生通过纵向的比较看到自己的进步，通过横向的比较发现自己的不足，通过积极的心态调整以后努力的方向。

教师也可以通过问卷形式让学生进行自我评价。

你是否掌握本学期内所学过的欣赏作品？	是	不是
你能完整地哼唱某一欣赏作品的主题旋律吗？	能	不能
你感觉到你自己近段时间有进步吗？	有	没有
你们编排的节目新颖有创意吗？	有	没有
在小组合作中，你是否具有良好的合作意识？	有	没有

（2）在民主中进行互评。

学生生活在一个班集体中，在同一间音乐室学习欣赏。让学生之间进行有效的互评，更能挖掘闪光点、发现问题、寻求解决的办法。这样既能促进学生欣赏的热情，也能使学生分享团结、互助、合作所带来的快乐。

在平时的音乐课堂上，教师也应该有意识地培养学生的互评能力，让学生着重于从音乐的角度去进行互评，多发现同学的优点，多用鼓励的语言。例如：他演奏的节奏感很强；她能有感情地吹奏乐曲；他们的组合搭配很好；他们能表现出歌曲的情感……

同时也要指出同学存在的问题及还需要努力的地方。例如：我觉得他对主题音乐还不够熟练；我觉得他对乐器的辨别还存在误差；我觉得她练习得不够多，再加强一些会更好；他们配合不够默契……

（3）在激励中进行师评。

师评是对自评和互评的总结与扩展，是在学生自评、互评的基础上，老师运用鼓励的方式进行合理的评价，以达到激励与促进、提高的效果。

① 表扬与激励并存。

在评价的过程中，教师应对学生在班级音乐会中出色的表现表示赞赏，对表现突出的学生进行表扬，对新颖的节目加以推崇，对进步明显的学生表示肯定。当然也要及时指出学生在欣赏演奏中存在的问题，并指明以后发展的方向，激励学生向更高一级水平发展。

② 形成性评价与终结性评价并存。

在班级音乐会上对学生进行评价时，不但要对学生之间进行横向的比较，还要对学生个体进行纵向的分析，关注学生的进步，挖掘学生的潜力。将形成性评价与终结性评价有机地结合在一起，既看到学习的过程，也注重学习的结果，这样才能给学生一个全面、真实、准确的评价结论，才能最大限度地激发学生的学习兴趣，为学生提供发展的动力。

③ 定量测评与定性述评并存。

在最后的评价时，教师应采取定量与定性相结合的综合性评价方法。除了给出评价的等级评分之外，应根据平时的表现和成绩进行分析，归纳出有针对性的总结性评语，使学生明确前进的目标。音乐学习的效果评价一般采取等级评分制，可按A、B、C、D、E或按优、良、中等、及格、不及格标记学生音乐学习的成效。

“评价最重要的意图不是为了证明，而是为了改进。”（美·斯塔费尔比姆）在以欣赏为主题的班级音乐会上，孩子们个个是演员，人人是评委。音乐会的舞台为所有学生提供了一个平等、公正的机会和条件，学生在舞台上展现自我、发展自我、提高自我，既培养了学生的胆识、提高了学生的音乐欣赏水平，又为学生的进一步发展提供了技术指导。教师也从中全面、真实地了解学生的学习情况和教学效果，并及时调整以后的教学思路和方法，制定有效的教学措施。

第五章　小学音乐欣赏与信息技术的深度融合

《义务教育音乐课程标准（2011年版）》中明确提出：“以信息技术为代表的现代教育技术极大地扩展了音乐教学的容量，丰富了教学手段和教学资源，在音乐教育中有着广阔的应用前景，教师应努力掌握现代信息技术，利用其视听结合、声像一体、形象性强、信息量大、资源宽广等优点为教学服务。”

由此可见，信息技术教学已经成为我国当前各教学领域不可或缺的部分，信息技术不但可以查找各种所需的资料，多媒体课件更以其画面丰富、声形并茂、生动有趣等特点广泛运用于课堂教学中。

2018年，教育部在《教育信息化2.0行动计划》中指出：人工智能、大数据、区块链等技术迅猛发展，将深刻改变人才需求和教育形态……积极推进“互联网+教育”，坚持信息技术与教育教学深度融合的核心理念……构建网络化、数字化、智能化、个性化、终身化的教育体系，建设人人皆学、处处能学、时时可学的学习型社会。

音乐教育作为美育的重要组成部分，能激发学生艺术的兴趣和创新意识，培养学生健康向上的审美趣味、审美格调。近几年兴起的微课、慕课，加速了技术为中小学教育赋能的进程；“数字化、网络化、智能化”得到了迅速发展。特别是2020年疫情期间，线上“云课堂”打破了教育空间壁垒，迅速成为一种新的教学方式。教师借助钉钉、小鱼、腾讯等网络平台推送微课，通过录播、直播等形式开展线上教学，指导和帮助学生更好地运用这种方式开展居家在线学习，让“停课不停学”成为现实。

一、合理使用多媒体，让教学课堂更丰富

随着现代化教学改革的深入开展，在课堂中认真运用电教手段，以促进师生双边交流，已成为广大教师的共识。采用电化教学手段，能充分发挥学生的视听器官功能，是实现教学现代化、全面提高教师质量和全面贯彻国家教育方针的重要手段。多媒体及MIDI音乐走进课堂早已成为新时代发展的需要、音乐教育发展的需要。那么，如何改变传统的音乐教学模式，让多媒体在音乐课堂这一领域内发挥应有的作用呢？

（一）激发学习兴趣

在传统的音乐欣赏教学中，单一地听教师演奏（唱）或放磁带录音的形式使学生感到枯燥、单调，学生在欣赏音乐时显得很被动，学生的注意力也容易分散。这样，老师的教学也达不到很好的效果，而充满美感的MIDI音乐、文字、图片、动画、影像等多媒体综合信息，则能自然地调动学生欣赏音乐的积极性、主动性，学生会在教师的引导下主动去感受音乐的力度、速度、情绪。学生在欣赏优美画面和MIDI音乐的同时，脑海里产生种种生动的想象，好像身临其境一般，有利于激发学生强烈的音乐表现欲、创造欲。

在欣赏课《音乐中的动与静》中，教师首先让学生一边观赏静静的湖面上有一只小舟在随意漂荡，一边放出《二泉映月》的MIDI音乐片段，然后问学生：你认为这首乐曲是快还是慢？它表现了一种什么场景？再给学生播放一个舞龙的热闹场面，放出《金蛇狂舞》的MIDI音乐，让学生欣赏完后，提问：你认为这首乐曲是快还是慢？它表现了一个什么主题？最后将两个乐曲的速度倒转过来播放，将《二泉映月》快放，将《金蛇狂舞》慢放，学生纷纷表示，这样不可能表现乐曲内涵，而且将整个乐曲的意境破坏了，这样学生在欣赏中就轻松接受掌握了本课知识。可见，学生对于MIDI音乐、文字、

图片、动画、动态视频等多媒体综合信息更感兴趣，能更大程度地调动学生的主观能动性。

（二）创设教学情境

根据小学生的心理和思维特点，恰当地运用多媒体教学，创设教学情境、营造良好氛围，不仅能激发学生的学习兴趣，调动学生欣赏音乐的积极性，而且能以趣激思、提高教学的效果。

教师在引导学生赏析乐曲《春江花月夜》的开头、高潮、尾声三部分片段音乐的教学中，欣赏之前，引导学生结合音乐和画面去感受每段乐曲的力度、速度、乐器音色及乐曲的情绪。学生在欣赏乐曲开头部分音乐的时候，展现在学生眼前的是夜色朦胧、夕阳西下、日出东山的美好景致，听到的音乐开始部分有一段自由节拍的引子，由黑管和大管奏出，黑管演奏主题音乐，长笛独奏一段装饰性乐句，这一部分音乐的力度自由、速度渐快、情绪抒情优美，将人们带入优美夜色的意境中；学生在欣赏乐曲高潮部分音乐的时候，展现在学生面前的是江涛汹涌、游客欢乐、野鸭戏水的生动画面，听到的音乐采用多种配器手法、多种木管乐器合奏的方法将乐曲推向了高潮，这一部分音乐的力度渐强、速度渐快、情绪欢快热烈，此时，学生的情绪高涨、激动，似乎感受到了江水的汹涌和家庭的欢乐；学生在欣赏乐曲尾声部分音乐的时候，展现在学生面前的是归舟远去、野鸭憩息的优美画面，这一部分音乐由黑管在低音区演奏主题旋律，轻柔而舒缓，再次使学生感受到幽静的月色、沉浸在美的遐想之中。

学生在欣赏的时候很投入地沉浸在优美的音乐和意境之中，脑海里浮想联翩，将自己和画面、音乐融为一体。因此，多媒体为学生欣赏乐曲创设了生动的意境，起到了很强的感染作用。每段音乐欣赏完以后，学生能很容易地区分每段乐曲的力度、速度、乐器音色以及乐曲所表现的意境和情绪。学生在完整地欣赏乐曲《春江花月夜》的时候，可以结合生动的画面、优美的景致去感受乐曲的速度变化、力度变化，乐器音色，自然地产生了美好的遐想。

（三）形成视听融合

学生在欣赏的时候有了美好的视听感受，能用生动、优美的语言将乐曲所表现的意境表达得淋漓尽致、生动形象。不少学生所描述的语言比音乐、画面本身还要优美！比如，学生在欣赏完尾声部分音乐以后，是这样说自己感受的："我在欣赏音乐的时候思绪很集中，脑海里浮想联翩，浮现出一幅幅生动的画面，自己好像沉浸在幽静的夜色之中。夜深了，江水平静，在月光的映照下，显得格外迷人。此时，劳累了一天的人们已经进入了甜美的梦乡，沉浸在醉人的夜色当中……"

学生在赏析每段音乐的时候，能很容易地区分每段乐曲的力度、速度、乐器音色以及乐曲所表现的意境和情绪。由此可见，多媒体的恰当运用发挥了它的巨大作用，充分调动了学生的多种感觉器官，从视、听、想等方面综合去欣赏音乐，从叙述的角度去分析音乐，提高了学生的欣赏、感受、想象、理解及表达的能力。假如在欣赏《春江花月夜》的时候，学生只是单一地听磁带录音，注意力很容易分散，只凭单一的听觉、想象去感受音乐，远不及运用多媒体欣赏音乐的效果显著；利用多媒体进行欣赏教学则调动了学生的欣赏积极性，从多方面培养了学生的综合能力。

由上可见，学生在音乐欣赏中感受美的个性心理受到情绪的影响，而情绪受到心境的制约。因此，音乐欣赏教学中必须营造一种学生易于接受、学生感兴趣的环境气氛。学生对旋律、乐器、速度、力度的感受是由美的声音和美而有趣的画面对大脑的直接印象造成的。所以，采用图文声像有机结合的多媒体教学手段来辅助教学，能激发学生的情绪、调动学生的主观能动性，同时也很大程度地提高了教学效果。

（四）提升教学效率

把需要学生掌握的乐理知识都制作成了课件，通过实际应用，效果良好，不仅大大提高了学生的学习兴趣，增强了学生的记忆，更主要的是节省了教学时间，收到了同样的效果。

在讲授反复跳跃记号时，以前都是指着乐谱反复讲授，教学效果不明显，在这节课的教学中，教师用Autorware软件制作了一个简单又实用的课件：一只小兔子从乐谱的开头部分开始走，刚走完小房子1时，又赶快返回来重新走，当走到小房子1时，小兔子就自动跳过去走小房子2到结束。学生在观看时兴趣高涨，理解、记忆深刻，在歌曲教学时，学生全部能够正确运用反复跳跃记号了，仅仅用了不到1分钟就解决了难点。教学效果非常明显。

又如，在每学期的乐理知识复习阶段，充分运用多媒体教学，不仅学生不会感到枯燥乏味，而且兴趣很高，学生记忆牢固，减少了复习时间，收效极大。

另外，教师运用“音乐创作大师”软件把很多合唱歌曲的乐谱制作下来，在教授歌曲时让学生多听，区分自己的声部，通过一学年来的实际应用，收效很好。该校没有正式的合唱队，合唱训练主要在平时课上的教学，在参加区级合唱节比赛时，在很短的时间内通过训练获得了区级二等奖。

（五）促进互动交流

为了更好地方便学生自主学习，教师在上学期开始制作自己的音乐网站，运用Frontpage把小学课本中的歌曲及知识归类摆放，又从网上下载了很多儿童歌曲、音乐家介绍、音乐小故事等。这样，学生在学校的公众号上就可以随时找自己想了解的音乐知识和想听的歌曲，极大地丰富了学生的课余生活，有利于学生自主学习。

通过教学实践，可以看出计算机多媒体辅助教学是一种实用性极强的现代化教学手段。在音乐课堂教学中已展现出广阔的应用前景。音乐欣赏教学的多媒体化增加了教学的魅力。形象生动的画面，言简意赅的解说，悦耳动听的音乐，使学习内容图文并茂，栩栩如生。许多原来抽象的、难以理解的内容变得生动有趣，收到事半功倍的效果。作为一位小学音乐教师，应积极主动地学习它、运用它、推广它。

二、巧妙应用微课，让教学形式更多元

随着时代的发展，“微文化”悄然诞生，“微学习”不期而至，迅速形成了一股“微旋风”——微课。

微课作为一种新型的教学模式和学习方式，打破了课堂教学的时空限制，创设更为客观真实的、有效的教学情境。微课教学作为一种新型的教学手段和学习方式，以其富有感染力的音效、生动直观的图像、启发性的视频片段等特点脱颖而出，改变了过去教师单一的教学模式。利用微课辅助课堂教学，设定生动有趣的创造性活动内容、形式和情境，发展学生的想象力，增强学生的审美意识、创造意识，提高音乐课堂教学效率。

（一）何为微课

从文字上理解，就是微型或微小的授课模式，主要表现为话题单一，内容指向性明确，侧重于解决问题。现有的呈现方式一般为手机端App或者微信小程序等。

国内著名的微课实践研究者——佛山市教育信息中心教师胡铁生如此介绍微课：“一节课的精华总是围绕某个知识点或者某个教学点展开，精彩的、高潮的环节都是短暂的、瞬间的。学生的视觉驻留时间普遍只有5～8分钟，若时间太长，注意力得不到缓解，很难达到理想的教学效果。”他提出，如果换一种思维方式，只将教学重点、难点、疑点等精彩片段录制下来提供给教师，借鉴意义和交流价值更大。而且5～8分钟、50M左右大小的简短视频，也方便学生随时随地通过网络下载或点播。能重复使用、利用率高，也是他看好这种短视频的重要原因。他把这个定义为“微课”，并用“非常5+1”来形容微课框架。

（二）微课的特点

1. 教学时间较短

教学视频是微课的核心组成内容。根据中小学生的认知特点和学习规律，微课的时长一般为5～8分钟，最长不宜超过10分钟。因此，相对于传统的40或45分钟一节课的教学课例来说，微课可以称为“课例片段”或“微课例”。

2. 教学内容较少

相对于较宽泛的传统课堂，微课的问题聚集，主题突出，更适合教师的需要：微课主要是为了突出课堂教学中某个学科知识点（如教学中重点、难点、疑点内容）的教学，或是反映课堂中某个教学环节、教学主题的教与学活动，相对于传统的一节课要完成的复杂众多的教学内容，微课的内容更加精简，因此又可以称为“微课堂”。

3. 资源容量较小

从大小上来说，微课视频及配套辅助资源的总容量一般在几十兆左右，视频格式必须是支持网络在线播放的流媒体格式（如MP4、wmv、flv等），师生可以流畅地在线观摩课例，查看教案、课件等辅助资源；也可以灵活方便地将其下载保存到终端设备（如笔记本电脑、手机、MP4等）上实现移动学习、“泛在学习”，非常适合教师的观摩、评课、反思和研究。

4. 资源组成、结构、构成“情境化”：资源使用方便

微课选取的教学内容一般要求主题突出、指向明确、相对完整。它以教学视频片段为主线“统整”教学设计（包括教案或学案）、课堂教学时使用到的多媒体素材和课件、教师课后的教学反思、学生的反馈意见及学科专家的文字点评等相关教学资源，构成了一个主题鲜明、类型多样、结构紧凑的“主题单元资源包”，营造了一个真实的“微教学资源环境”。

（三）微课的应用

如何运用教育网络平台共享的优秀微课资源，让它帮助教师辅助音乐课堂教学，作为学生音乐学习的补充，成为助推高效课堂的有效抓手，这就需要根据教学的需要、学生的需求，巧妙地将微课运用到教学的不同环节中。

1. 巧用微课，让预习更轻松

预习是学好功课的重要环节之一。根据学生已有的知识基础和新知识所需的衔接知识点设计制作好微课，可以让学生的学习更有针对性，有效提高听课的质量。其一，可以为将要学习的知识与内容打下基础。其二，可以复习旧有知识，为新旧知识的连接进行有效的铺垫。

例如，在欣赏课例《迎来春色换人间》时，课前先发放一份“京剧中的唱腔”微课给学生，微课主要介绍了以下几个内容：①京剧的来历及特点；②京剧的唱腔有哪些？③京剧唱腔的“二黄”与“西皮”各有什么特点？然后根据教师给的“任务单”，进行资料的查询。

这样，让学生通过微信，在课前就对新课的内容有了一定的了解，初步认识京剧及京剧唱腔的基本特征，为后面学习课本打下坚实的基础。

再如，在欣赏课例《东边升起月亮》时，可以在预习环节通过微课简单了解中国民歌《茉莉花》产生的背景、发生的变迁，学习《茉莉花》的清新旋律，认识其五声音调的中国特色以及它在中外所产生的广泛影响，为新授的《东边升起月亮》打下坚实的基础。

2. 实用微课，让课堂更精彩

《义务教育音乐课程标准（2011年版）》指出：“兴趣是音乐学习的根本动力和终身喜爱音乐的必要前提。在教学中，要根据学生身心发展规律，以丰富多彩的教学内容和生动活泼的教学形式，激发学生对音乐的兴趣……”从微课的概念中我们知道，一个5～8分钟的微课视频只讲述一个知识点，它常常运用丰富的动画效果和生动幽默的讲解，为知识点的学习加入了“快乐元素”，既关注了对知识点的有效呈现，又达到了“授人以渔”的效果。

（1）简单介绍，让知识更直接。

在音乐欣赏教学中，存在许多音乐知识点，如乐曲的简介、作者的简介、背景的简介、乐器的简介。如果这些音乐知识逐一解决，无疑会增加课堂的承载量，也会增加学生的负担。但利用微课，短短几分钟就可以让知识深入浅出、图文并茂。

例如，在聆听民乐合奏《阿细跳月》时，借助微课，用图文并茂的形式对《阿细跳月》产生的背景进行介绍，可以收到良好的效果。

［案例］民乐合奏《阿细跳月》

教学过程：

（伴奏音乐为《阿细跳月》，图画为剪切的彝族风情，文字、声音介绍彝族风情）欢快的节奏、美妙的旋律把我们带到一个古老的民族，去了解一首中国的世界名曲《阿细跳月》。

阿细是彝族的一个支系，自称“阿细璞”，聚居在云南省弥勒市一带。阿细人勤劳善良、能歌善舞，传说在古代刀耕火种时期，阿细山寨因“天火”成灾，阿细儿女阿者与阿娥率民众奋勇扑火，因大地被烧烫，便用双脚轮换弹跳，从而形成今天的《阿细跳月》。

《阿细跳月》成了彝族人最喜爱、最普及的民间优秀集体舞蹈之一。它像清爽的山风，像欢快的山溪，像燃烧的火把，半个多世纪以来久跳不衰，美名播四海，备受国内文艺界和国际友人的青睐。

民族音乐家秦鹏章采用了彝族“跳月”的这一具有浓郁民族特色的歌舞曲改编成了民乐合奏曲《阿细跳月》。

设计意图：为了让学生更快地了解彝族的风土人情，了解《阿细跳月》的来历，通过微课这种图文并茂的形式，让学生在最短的时间内进入五彩斑斓的世界，激发了学生深入学习的兴趣。

（2）突破难点，让教学更高效。

2010年颁布的《国家中长期教育改革和发展规划纲要（2010—2020年）》中提出了“优先发展、育人为本、改革创新、促进公平、提高质量”的工作方针。“面向全体学生”是音乐课程的基本理念之一，是在音乐课程教学中贯彻落实“育人为本、促进公平”的重要方面。那么，如何在一些特定的教学环节中突破难点，落实“面向全体”呢？我觉得在教学内容、教学方法上应该立足于学生年龄、心理特征，设计符合音乐教育规律的手段和方法，而微课往往能产生意想不到的效果。

[案例] 管弦乐《四小天鹅舞曲》

教学过程：

师：同学们，通过刚才的学习，我们已经了解了《四小天鹅舞曲》的基本演奏乐器和三段体的曲式结构。

A段音乐：活泼，好像四只活泼跳跃的小天鹅在学跳舞。

B段音乐：优美，好像四只小天鹅在湖面上游泳，一会儿游到这边，一会儿游到那边。

A1段音乐：活泼，好像小天鹅们跳上岸边舞蹈。

尾声音乐：小天鹅的步伐还不太稳健，跳累了，也要选一个高雅、优美的造型结束。

下面请同学们一起跟着老师和这群可爱的小朋友舞蹈吧！

（微课展示：老师示范芭蕾手位、脚位、造型；微课中的小朋友跟着音乐展示各段的动作、形象）

学生跟着音乐一起学跳芭蕾舞。

设计意图：芭蕾舞是一种高雅的艺术，学生平时很难接触到，掌握起来有一定困难。通过微课这种形式，教师带动学生一起做，并在此基础上将音乐情境化，降低舞蹈难度，让学生在听、舞、模仿中取得良好的教学效果。

3. 活用微课，让内容更丰盈

课后去听、看微课，可以有针对性地根据自己掌握知识的程度去寻找更多的拓展内容，从而有效理解课本知识，突破学习难点，发挥查漏补缺的作用。

例如，学习完《彼得与狼》这首乐曲后，在课堂上认识了乐器、知道了音色，只能说这是肤浅的认识。为了让学生深入了解乐器，简单地制作实践型的微课“选一选，听一听，辨一辨”，里面回顾了各种乐器及其音色，然后用一些场面、风景，还有个人的图片让学生根据图片显示，选择自己认为可以用哪种乐器来描述它。

这样，学生通过课后的练习，有助于进一步明确乐器的音色、了解各种乐器的样式、认识各类乐器所代表的形象。

三、翻转课堂模式，让教学方法更有效

翻转课堂教学模式是指学生在家完成知识的学习，而课堂变成了师生之间和生生之间互动的场所，包括答疑解惑、知识的运用等，从而达到更好的教育效果。

互联网的普及特别是“微课掌上通”在教育领域的广泛应用，使“翻转课堂”教学模式变得可行和现实。教师能利用“微课掌上通”完成前期的布置与后期的验收；学生能利用“微课掌上通”完成课前的“信息传递”、课中的“吸收内化”及课后的“促进提高”。

（一）模式构建的起因

自主学习、合作学习、探究学习喊了很多年，但如何在教学中真正让学生自主探究问题？如何真正让学生进入一个合作学习的大环境呢？很多教师采用了很多方法、运用了很多办法，但在早期均出现了“善始者实繁，克终者盖寡”的现象。为什么呢？因为没有一种相对便利的技术、相对固定的模式，让这一切变得顺畅而方便。但互联网（特别是“微课掌上通”）的出现

弥补了这一大缺陷，让一切变得如此的实在而简单。

“微课掌上通”能帮助“翻转课堂”有效展开，因为它是实现师生互动学习的平台。教师可以将导学案与微课通过“微课掌上通”发送到每个学生的电脑终端，学生在家里就可以轻松地通过手机或电脑自主学习。到校后，课堂的主要任务便成了检查与学生合作探讨、深入拓展，最后让学生通过合作、探究形成成果，通过“微课掌上通”讨论交流（见图5-1）。

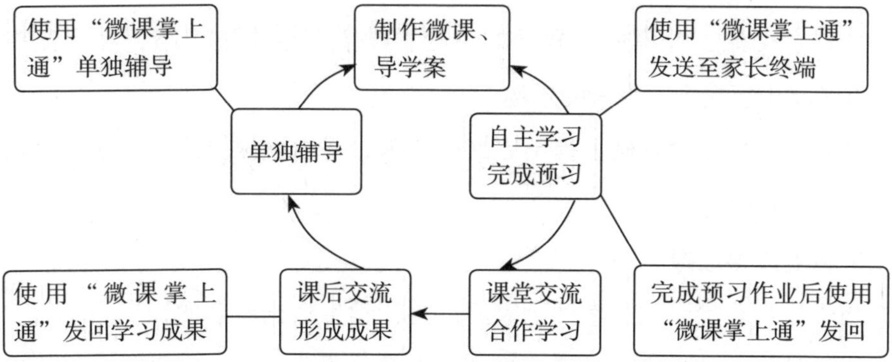

图5-1 “微课掌上通”

（二）模式构建的流程

1. 课前自主学习

美国著名心理学家布鲁姆曾指出，如果学生有足够的时间去学习，辅之以经常、及时的反馈，大多数学生都能达到课程目标所规定的掌握标准。翻转的精髓就是将本来在课上进行的教师授课部分放在课前指导学生自主学习，即由“以教导学”转变为“以学定教”。

运用“微课掌上通”，教师将学习的主要内容，包括微课、导学案、PPT发送至家长终端，让学生提前学习。学生根据自己的时间、计划、学习能力观看微课，掌握主要学习内容，并完成导学案所提出的要求。如果在学习过程中遇到自己难以解决的问题，还可以通过“微课掌上通”的“班级圈”进行交流、讨论，从而完成导学案，然后将完成的导学案发给教师。教师也能在第一时间发现学生学习的困难，及时调整教学手段。

2. 课中合作交流

既然学生在预习中已经解决了主要问题，那么课堂上讲一些什么内容呢？

这时候，课堂上师生的定位发生了根本的变化，摒弃了以往以教师为中心的教学模式。教师是整个教学的引导者、组织者，学生是学习的主体，在教师的引导下组成学习小组，对在预习过程中发现的问题、学习的困惑及学习的成果与小组成员分享。

合作、交流、分享成了教学的主题，学生在合作中提高，在交流中进步，在分享中感受学习带来的乐趣。

教师也可以在此基础上提出更高的要求，提出更深层次的问题，再由所有学生思考并回答。

3. 课后成果汇报

当学生带着满满的收获回到家后，再让学生根据所学的知识与心得，形成属于自己的劳动果实，随后通过“微课掌上通”发到“班级圈”。师生可以对“微课掌上通”的产品进行讨论、评价，提出修改意见。

这时，“微课掌上通”不仅仅是一个交流的平台，更是一个展示成果的舞台。教师将优秀作品通过平台在“班级圈”展示出来，不仅是对展示作品学生的认可，也成为其他学生学习的榜样与标杆。

（三）模式构建的意义

“微课掌上通”的推广应用，与其说是一次技术的革新，不如说是一次学习方式的转变。在教学过程中，不再是以教师的教为中心，而是变成了以学生的学为中心；教师实现了由“演员角色”到“导演角色”的华丽转身。教学方式的改变，带动了学生学习的积极性，提高了学习的效率，发展了学生的学习能力。

1. 增强学生自主学习的能力

在翻转课堂教学模式中，学生的自主性得到了最大限度的开发。例如，在预习时，就是要求学生根据导学案及微课进行自学。要完成导学案，必须认真看微课；要完成导学案，必须认真思考；要完成导学案，必须查阅相关的教学资料。

这样，学生学习的自主性得到了开发，当他们能通过自学解题，通过查阅资料解题，证明自主学习的能力已经得到了提高。

2. 营造学生合作学习的氛围

在以“微课掌上通”为桥梁的翻转课堂中，课堂已经成为学生活动的舞台，教师就像一名“导演”，引导学生通过小组学习的形式进行交流合作，在小组中发现问题、解决问题。教师这时候才真正成了学习的组织者、引导者和合作者，学生才是学习的主人。

久而久之，学生的合作能力得到了提高，学生也逐渐体会到了合作学习带来的乐趣，他们在合作中发展、在合作中进步、在合作中凝聚了集体主义与团队精神。

3. 促进学生探究学习的动力

当学生通过预习中的自主学习、与课堂上的合作学习后，教师要乘胜追击，鼓励学生自主探究，提升发散性思维，制作出属于自己的作品。

例如，在学习京剧《迎来春色换人间》教学中，除了要学习本课内容中包含的西皮、二黄、唱、念、做、打以外，还要鼓励学生对京剧的伴奏、脸谱、名角进行自主探索，寻找资料。这样，既可以提高他们探究学习的能力，也可以让他们体验学以致用的乐趣。

（四）模式应用的注意事项

“微课掌上通”虽然给我们带来了很多便捷，使自主的“翻转课堂”得到最大限度的开发，但在使用时也要注意以下几点。

1. 前期工作准备到位

虽然现在的微课视频、导学案有很多，但不是每个教学资料都可以拿来就用。教师还是要根据本班学生的实际情况，灵活使用多媒体资料，还应该积极开动脑筋，编写适合自己班级的导学案，有时甚至要亲自动手制作微课视频，以便更符合自己的思想与教学行为。

2. 不要过度依赖平台

“微课掌上通”虽然起到很大的作用，但也不是万能钥匙，冰冷的多媒体设备也代替不了教师的言传身教。所以，我们还是要重视课堂，教师对课堂的设计，决定学生学习的深度，只有教师组织好了课堂，学生才能真正将知识内化，才能学得愉悦、学得扎实。

3. 环节的监督要到位

毕竟不是面对面，所以平时教师对学生学习情况的监督就非常重要。只有及时将学生的学习情况了解清楚，才能有的放矢。万一监管不到位，就有可能事与愿违，学生未完成作业，教师也组织不了后续的教学工作，从而又回到原来的怪圈。

4. 关注每一位学生

由于大量的数据与信息的反馈，如果不及时处理，有时候就有可能造成手忙脚乱、顾此失彼。所以，教师虽然面对的是冰冷的多媒体，但也要关注每一位学生的成长。

总之，“翻转课堂”与“微课掌上通”作为未来教育的发展趋势，还在不断发展完善。也许我们暂时还不能达到理想的教学效果，但只要我们不断去思考、摸索、完善，一定会给我们的教育教学带来欣喜的变化。

四、慕课教育，让受众更广泛

随着教育信息化技术的日趋成熟，以微视频为载体的“慕课+翻转课堂”先学后教的教学模式，以燎原之势席卷而来。它颠覆了传统的教学方式，唤起了人们对整个教学的重新审视，从根本上改变了教师的教学模式与学生的学习方式。

浩瀚的网络教学资源、丰富的教育资源平台、功能强大的“微课掌上通”、生动的微课教学，也为小学音乐器乐教学带来了前所未有的机遇。

教师可以利用网络和“微课掌上通”轻松查找资料、备课、制作微课、授课、个别辅导；学生可以通过平板电脑进行个性化学习，通过录音完成教师布置的作业，通过平板电脑的保存功能实现“成绩档案袋”，通过互动体验合作学习的愉悦。

上课前的自学、互动；上课中的合作、探讨；上课后的巩固、记录。让学生成为学习的主人，让个性得以张扬，让合作成为常态，让技巧变得轻松而有趣。

欣赏教学，作为中小学音乐教学中一个不可忽视的教学板块，对学生音乐能力的发展、音乐素养的提高起着不可估量的作用。

长期以来，由于欣赏教学的特殊性（既要细研音乐作品，又要精心设计、多元课堂），成为音乐教学中的一道难题。传统的音乐课堂“教师教、学生学”的教学模式无法兼顾每一位学生，也让一部分学生因跟不上进度，从而丧失了继续学习的热情和信心。

那么，作为一线的音乐教师，在教育数字化时代，如何巧妙地利用现代教学方法、手段，既能保持个性化教学方式，又能提升教育教学质量呢?

（一）解决问题的方案

如何更好地利用现代教育信息化技术，让教师教得更轻松、学生学得更实在呢？在实践中，教师尝试利用“导学、微课、互动、合作、展示”五位一体教学模式（见图5-2），将实践与传授更好地融合在一起，取得了较好的教学效果。

什么是“五位一体”？

“五位”分别指导学、微课、互动、合作、展示，既包含教师的任务布置，也包括学生的实践、创新。

导学，是指在课前，教师先形成导学案，为学生布置预习的教学任务，让任务驱动学生自觉学习。

微课，即教师通过网络资源下载或自己制作5～10分钟的微视频（微课），然后通过“微课掌上通”发到每位学生的网络终端。学生根据导学案，有目的地观看微课视频。

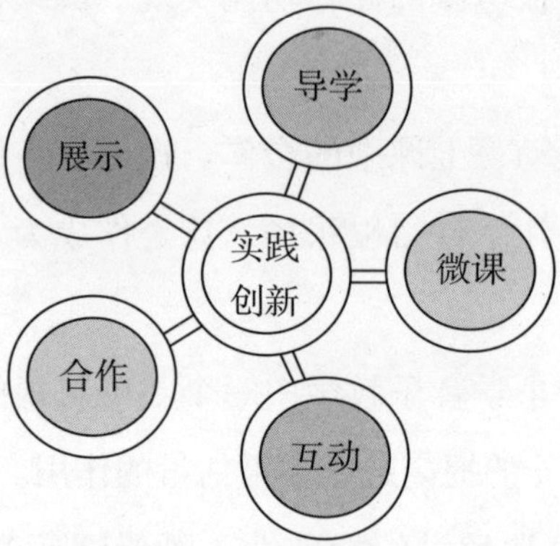

图5-2　五位一体教学模式

互动，这里既包括师生互动，同时也包括生生互动；既包括线上交流，也包括线下探讨。

合作，是指在课堂中，再也不是传统的“教师教、学生学”，而是通过小组合作的方式，将在预习过程中的收获与困惑同大家一起分享，并进一步创新思维，找到解决问题的办法。

展示，是指用平板电脑，将所学的知识录制、保存下来，在班级或自己的空间进行展示，并建立“成绩档案袋”。

“一体”，即“五位”不仅相互独立，而且相互关联，紧密地围绕培养学生实践、创新与合作能力这一中心目标展开，形成有机的整体。

（二）实施过程

1. 硬件设施

硬件设施包括多媒体交互式教学投影、智能手机或平板电脑、“微课掌上通”账号密码、腾讯视频（或优酷视频）账号、网络连接或Wi-Fi、省（或市）教育资源平台账号密码、国家教育资源平台账号密码。

2. 资源准备

教师根据教学要求，下载或制作微课，设置好导学案。

3. 实施流程

（1）确定目标、设计微课与导学案。

① 确定教学目标与教学知识点。

教师根据教学要求，找出教学重难点，并加以提炼和总结，找出本节课最核心的知识点。

② 制作微课、设计导学案。

从教育资源平台找到相关微课或者自己制作一个微课，并根据微课的内容及教学内容设计一个导学案，让学生带着问题与任务自觉完成预习任务。

例如，情景管弦乐曲《打字机》是美国作曲家安德森创作的管弦乐，有着独特的魅力。本曲以打字机作为打击乐器，贯穿全曲，急促的击键声、清脆的铃声和利落的倒机声不绝于耳，节奏富于动感，生动地描绘了当时美国办公大楼里的工作场景。

教师可以先根据教学目标制作微视频（见图5–3），了解乐曲中打字机发出的声音、乐器演奏的音乐、打字机声与乐曲交融的声音、乐曲的分段等。

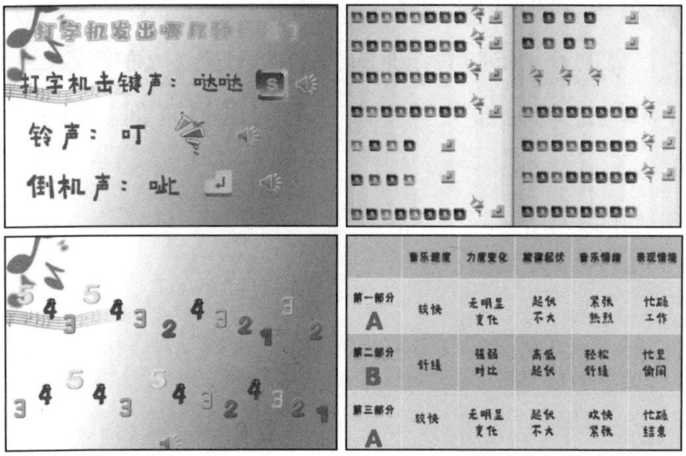

图5–3　微课截图

然后设计导学案，提出问题：你了解打字机吗？要求学生达到以下四个目标。

①本乐曲中的打字机发出的声音有几种？

②你能为乐曲分段吗？

③你能通过网络搜寻作曲家的其他名作，并发到“班级圈”与大家分享吗？

④请你尝试哼唱一下主题旋律，下节课同大家分享。

（2）将微课与导学案通过“微课掌上通”发到学生的平台上。

（3）网络互动。

①“学习圈”的互动。

学生对着导学案，看着视频进行自学。遇到困难，可以通过“微课掌上通”的“学习圈”进行提问。提问以后，既可以教师解答，也可以学生之间进行互动探讨。

②学生上交作业。

学生利用所学知识完成作业，并上传到教师的虚拟空间里。例如，学生通过平台电脑录音的形式，将哼唱主题音乐的情况上传给教师。

③大数据分析，确定解决方案。

教师将上交的作业进行系统的大数据分析，确定第二天上课的内容，并有针对性地对大部分学生存在的问题加以剖析与解决，做到有的放矢。

实施流程如图5–4所示。

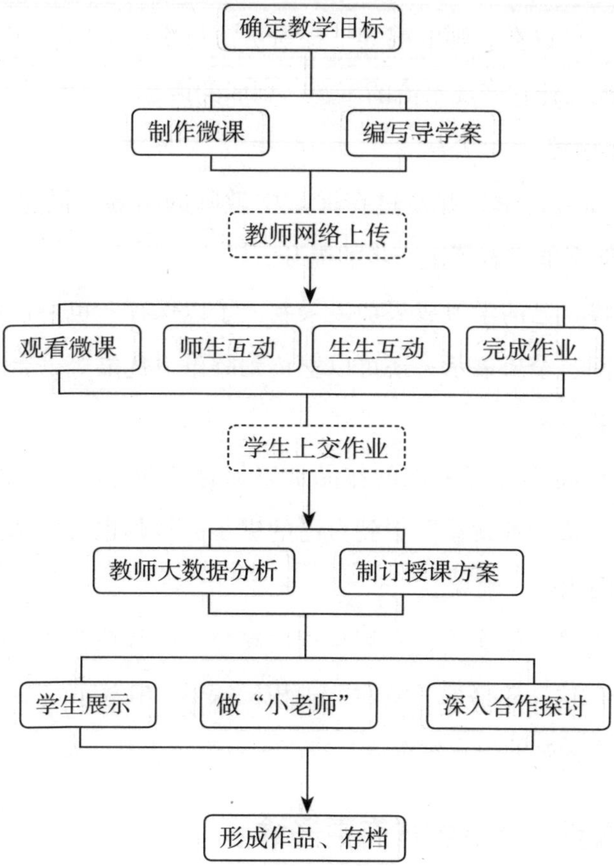

图5-4　实施流程

（三）合作探究

通过自主学习与练习，学生已经对所学知识有了相当的了解，那么回到课堂以后，教师应根据实际情况提出解决办法。

1. 培养“小老师”

让上交优秀作业的学生分享学习成果，树立榜样。

2. 组成学习小组

按学习程度高低，将学生分成若干学习小组，小组成员互相帮助、互相学习。

3. 创造性学习

同学之间也可以在教师的引导下探讨更深层次的问题。例如，对乐曲进行创造性的改编，让它变成水流的声音、划船的声音……

（四）展示建档

学生经过预习自学，并经过在课堂中教师的引导、同学的交流与合作后，对器乐的演奏能力有了进一步的提升。

学生可以将自己的学习成果加以录制，予以保存；也可以将自认为好的作品上传到空间，全班展示；还可以上传到腾讯、优酷等平台，向更多的人展示自己的成果。

教师也可以将学生每一次的作品加以保存，建一个“成绩档案袋”，学生可以通过“成绩档案袋”看到自己的进步，教师也可以通过“成绩档案袋”进行个别的跟踪、辅导。

总之，推进慕课的实施，实现教育信息化，已经成为教育改革的必然趋势，我们只有在这一轮慕课“革命”中积极探索、扎实研究，才能紧抓时代的脉搏，创造更美好的教育生态。

五、云课堂，让教学样态更多维

随着当前网络信息技术的进步，基于“互联网+教育”的发展，“智慧课堂”教学模式的出现已经逐渐在教育行业中得到普及，以信息化“云课堂”平台作为媒介，构建线上线下混合式教学模式，实现了信息技术与教育教学的深度融合，符合当前智慧教育的发展方向。

（一）什么是云课堂

“云课堂”这一概念起源于互联网的云技术、云存储、云管理等概念。“云”是互联网的一种比喻的说法，用来形容互联网上庞大到近乎无限的资源库。

云课堂是基于云计算技术的一种高效、便捷、实时互动的远程教学课堂形式。其以庞大的资源库为后盾，将学习资源、学习平台、学习终端、学习服务和学习网络进行有效整合，在日常课堂教学中运用信息技术打造出来的高效课堂。

（二）云课堂的特点

1. 打破时间、空间的界限

云课堂利用云存储、云计算等一系列信息化技术，打破传统教学在时间和空间上的界限，实现了学生通过智能终端（如手机、电脑），随时随地在线学习，将被动接受学习转变为以学生为主导的自主学习。也可以根据学情反复观摩、回放学习，关注学生的个性化学习。

2. 共享海量网络优质资源

随着互联网的普及与信息资源的不断丰富，整个世界变成了一个虚拟的"地球村"，各种丰富的资源如雨后春笋，不断丰富着我们的学习生活，教育网络资源则呈现"你争我赶、百花齐放"之势。教师可以利用网络海量的优质资源开展线上备课，学生可以利用网络资源查询资料，进行网上答疑与网上学习。

各级教育行政部门也纷纷搭建自己特色的网络资源平台。如广东省东莞市以"东莞市教育局教学资源应用平台"为窗口，不断充实资源内容，如莞式慕课、微课、微课程、微课型说课、优质课例、课件、习题等。教师既是资源建设者，也是共享者，大家分享智慧、共享资源，取得了非常好的效果。

国家教育资源平台为全国广大教师构建了一座智慧的宝库。平台充分依托现有公共基础设施，利用云计算等技术，逐步推动与区域教育资源平台和企业资源服务平台的互联互通，共同服务于各级各类教育，为资源提供者和资源使用者搭建起网络交流、共享与应用环境。同时，国家基础教育资源网也将国内教育优势地区的名校、名师资源集中起来，为全国师生提供个性化的空间和服务。促进"优质资源班班通"和"网络学习空间人人通"，让优质资源和创新应用惠及人人。

3. 关注学生自主学习能力发展

云课堂所要体现的理念是：以学生为根本服务对象，以学习任务为目标，以协作学习为主要形式，以共享资源为依托，构建个性化的学习环境来服务教学工作。这种情况下，学生进行的是“预习——练习——反馈”的自主学习。

学生的学习时间可以根据自身情况酌情进行，也可以自己把握学习进度和内容。通过自主、自由、自定步调的课前预习，学生对新课内容已经有了初步了解，教学难度相对降低。与传统的教学方式相比，“云学习”的预习作用有效地保护了学生的自尊心，也大大提高了学生的学习效率。

4. 建立学生成长档案袋

教师通过云课堂平台进入班级——课件设置——学习情况，能够实时掌握学生的学习情况，教师还可以在自己的教学空间开展分班混合式教学，实时监控学生在线学情，基于行为数据对学生进行全程评价。

学生在“云”端学习时，他们的每个学习行为都会形成自己的数据。通过分析，不论是个人作品、作业、日志还是论坛帖子，都清晰地记录了学生的兴趣、学习状态和合作能力等，这些都是教学评价的有力依据。对于教师来说，及时关注相关数据，对于掌握学生的学习进度、激励创新和纠正偏颇也具有很重要的作用。

（三）云课堂的基本样式

1. 录播教学

录播教学指借助已经录制好的各类优质资源组织“线上教学”。录播教学的目的是结合小学音乐欣赏课例的特点，专门进行与话题相关的知识点学习以及针对教材文本内容的细化讲解学习。录播教学资源通过“选用”和“自制”两种形式进行准备。

“选用”可以通过地方教育资源平台、国家资源平台、国家中小学网络云平台上的优质资源，作为教材单元文本细化学习的推送资源。“自制”是在充分利用各种现有优质资源的同时，根据“关注知识普遍性，突出班级学习个性”的原则，教师通过各种信息化技术手段录制具有班级针对性的细化知识点学习资源。选用录播资源和自制录播资源，在线上教学的过程中交互补充使用，有效解决了教学中学生层次不一、自主学习能力不同、学习进度不同而带来的教学进度难以统一的问题。

2. 直播教学

直播教学指借助钉钉群开展线上直播教学。直播教学的目的是针对学生在独立自主学习录播资源后的检测中所反馈出来的未能消化、理解与掌握的知识进行检测反馈而开展的直播评讲教学。直播教学中充分利用学生连麦的功能，师生间进行有效互动，有针对性地解答学生学习中的困惑。直播教学不仅能够进一步帮助学生深化学习内容，师生间的连麦分享互动更是营造了良好的线上学习氛围，激发了学生线上学习的兴趣。

3. 联播教学

联播教学指借助钉钉平台，以级部或多班为单位，针对级部教师的教学特长，开展话题专人专讲的线上教学组织形式。各年段根据教材的特点开辟乐器辨识、名曲欣赏、音乐知识等专题，充分利用骨干教师资源，科部定好专题专人专讲、分工合作，进行级部、多班级专题联播。通过这种级部同上一堂课的专题联播形式，不仅达到了教师资源与教学资源的优化使用，更有利于教师间的共研同教，促进教师的学习与成长。

下篇

实践篇

第六章　小学音乐欣赏课例

人音版音乐六年级上册　第3课

《波斯市场》教学设计

东莞市茶山镇中心小学　陈枫堰

【教学理念】

音乐是听觉艺术，音乐教学则是音乐艺术的实践过程，兴趣是音乐学习的根本动力和终身喜爱音乐的必要前提。因此，所有的音乐教学领域都应强调学生的艺术实践，积极引导学生参与演唱、演奏、聆听、综合性艺术表演和即兴编创等各项音乐活动，将其作为学生走进音乐、获得音乐审美体验的基本途径。

在教学中，要根据学生的身心发展规律，以丰富多彩的教学内容和生动活泼的教学形式，激发学生对音乐的兴趣，不断提高学生的音乐素养，丰富学生的精神生活。

【教学目标】

1. 情感态度与价值观

（1）了解波斯文化、风情，感受、体验波斯音乐风格。

（2）激发学生喜爱古典音乐，提升其审美情趣。

2. 过程与方法

通过多次聆听乐曲、多形式聆听，深入聆听、对比聆听主题，听辨主题、模唱主题、律动等方法感受、体验乐曲所表现的浓郁的地域风格，管弦乐丰富的表现力及其无穷魅力。

3. 知识与技能

（1）听出各主题出现的先后顺序并感受各段乐器（演唱）所表现的情景。

（2）听出各乐段的主奏乐器，结合乐曲体验、感受男声齐唱、弦乐器、木管乐器、铜管乐器等的丰富表现力。

（3）感受音色、力度、旋律、节奏等音乐要素在音乐中表现音乐形象的作用。

【教学分析】

1. 教材分析

《波斯市场》是英国作曲家凯特尔贝于1920年创作的管弦乐曲，副题为“表现场面的间奏曲”，是一首描绘性极强的管弦小品。通过音乐，波斯集市繁华喧闹、五彩缤纷的景象被生动地呈现出来。

乐曲由八个小段落组成：“骆驼商队的到来”，轻快的旋律由弱渐强，渐渐形成了市场热闹的画面。“乞丐之歌”，由男声合唱了一段低沉有力、带有进行曲风格的曲调并反复多次。“美丽的公主”，旋律优美抒情，代表公主温顺优雅的仪态。短笛演奏的魔法师，木管乐器表现的玩蛇艺人，酋长路过市场的铜管乐器。接着是乞丐、公主、骆驼商队的主题再现，最后用一个响亮的尾声结束了这颇具东方风格的乐曲。

2. 学情分析

六年级的学生随着年龄的增长，知识面的扩大，自主意识不断增强。通过富有故事情节的乐曲，既能培养学生的音乐素养，又能培育学生的思辨能力、创新能力、开拓精神。本课从音乐的整体感受丰富了教学形式，增加肢体表演及音乐创造活动的分量，以生动活泼的教学形式去吸引学生，使其乐于参与音乐活动中。

【教学重点】

初步了解乐曲的结构。

【教学难点】

分辨弦乐器组、木管乐器组、铜管乐器的音色以及它们所表现出来的音乐形象。

【教学课时】

1课时。

【教学过程】

教学环节	教学内容	教师活动	学生活动	设计意图
新课导入	情境体验	1.引入课题：今天，老师要带大家到一个历史悠久的文明古国，去体验风格迥异的民族音乐，去感受风味独特的异国风情。 2.播放微课，介绍波斯。 	观看视频，了解简况。	用简短的视频了解波斯，隐含了各个角色，为后面的活动打下基础。
新课教学	一、驼铃声声	1.提出问题： （1）这一段音乐描绘的是什么情景？ （2）它在力度上有什么变化？	1.聆听音乐。思考情景，并说出音乐力度的变化。	1.以问题引导学生欣赏音乐，培养学生丰富的想象力。

续表

教学环节	教学内容	教师活动	学生活动	设计意图
新课教学	一、驼铃声声	 2.聆听乐曲： （1）解释驼铃声。 （2）找到驼铃声出现的位置。	2.原地律动。	2.通过律动、摇铃感受音乐的要素，培养音乐素养。
		3.引导律动：引导学生律动、摇铃，并体会音乐力度的变化。	3.摇动驼铃。在每句结尾，摇动串铃律动。	
	二、乞丐迎宾	1.提出问题： （1）这一段音乐描绘的是什么情景？ （2）它的演唱形式是什么？	1聆听音乐：思考情景，并回答出演唱形式。	首先，让学生带着问题去聆听音乐、感受音乐、思考情景。然后，在教师的引导下创编歌词，并进行学唱。在学唱的过程中，又渗透演唱形式、演唱技巧等音乐要素。
		2.聆听乐曲： （1）解释歌唱内容。 （2）了解男声齐唱。	2.演唱主题：根据歌曲内容，编创歌词，并在教师的引导下歌唱。	

续 表

教学环节	教学内容	教师活动	学生活动	设计意图
	二、乞丐迎宾	3.引导歌唱：引导学生用低沉的声音歌唱。 第二乐段：乞丐迎宾 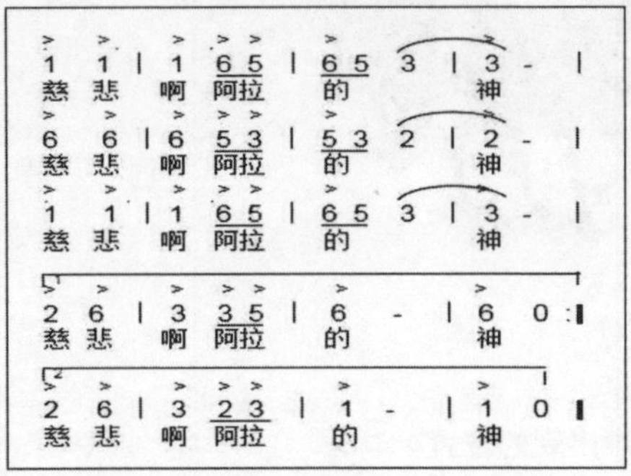		
新课教学	三、公主巡游	1.创设情境，提出问题。聆听音乐并思考： （1）它的速度怎样？ （2）它的情绪怎样？ （3）它描绘了什么情景？ （4）它的主奏乐器是什么？	聆听音乐，深入思考速度与情绪以及主奏乐器。	带着指向性问题去聆听。为后面的环节埋下伏笔。
		2.聆听音乐，初步体验。 速度舒缓，情绪温和，好像一位美丽的公主缓缓走来。 	再次聆听，熟悉旋律。通过分辨乐器，体会大提琴与弦乐器组的音色。	这一段音乐是欣赏重点。通过再次聆听，进一步熟悉旋律，并且进一步了解大提琴及弦乐器组的音色。

续 表

教学环节	教学内容	教师活动	学生活动	设计意图
		3.提问：这是由什么乐器主奏的呢？（前半部分是大提琴，后半部分是弦乐器组）  		
新课教学	三、公主巡游	4.模唱主题，熟悉旋律。 引导学生一起模唱主题旋律，进一步体验音乐的美好。 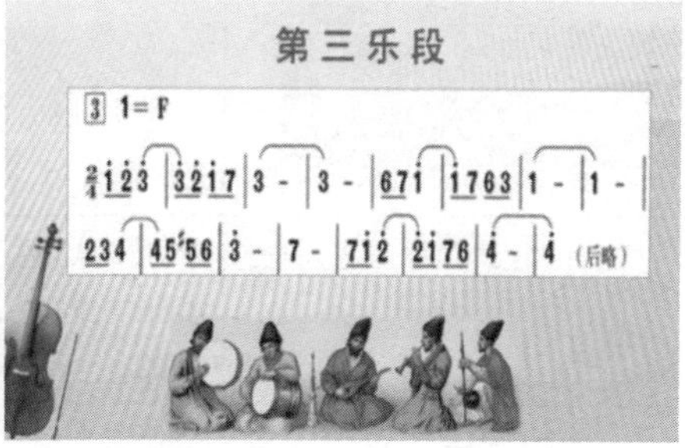 	学生跟着钢琴，用“lu”模唱歌曲主题。	进一步熟悉音乐主题，感受美妙的旋律。
		5.随乐起舞，深入体验。 同学们，为了更好地诠释音乐，请男同学模拟演奏，女同学用丝巾随着老师一起舞蹈吧！	学生和教师用丝巾随着音乐一起舞动。	让学生在丝巾舞中感受、体验音乐的美好。
		6.总结：这一段音乐主要由弦乐器组演奏。 弦乐器组主要由小提琴、中提琴、大提琴和低音提琴组成。音色连贯，富有歌唱性，适合于演奏比较淳朴、安静的旋律。	学生结合前面体验学习。	让学生根据前面的体验，对弦乐器的音色特色进行归纳。

续 表

教学环节	教学内容	教师活动	学生活动	设计意图
新课教学	四、艺人炫技	1.听一听：请聆听下面的音乐，你觉得它表现了几个场景？分别是由什么乐器演奏的呢？（魔术师与要蛇人）	学生聆听音乐，然后根据音乐元素回答出：魔术师与要蛇人两个场景。	通过聆听，初步感受木管乐器多彩的变化。
		2.动一动：教师示范，并且引导学生随着音乐模仿表达的情景。	学生根据音乐的节奏与变化，模拟魔术师变出各种情景。	让学生进一步感受音乐表达的内涵。
		3.想一想：如此丰富的音乐，是用什么乐器演奏的？	学生从演奏形式方面回答。	通过前面的铺垫，学生对这一段音乐有相当的了解。然后进一步学习短笛、单簧管、双簧管及木管乐器组，了解其丰富的音色特点。
		4.总结：不管是变化多端的魔术师，还是神秘的要蛇人，都是用木管乐器组来演奏的。木管乐器音色丰富、善于表达，常用于刻画惟妙惟肖的情景。 **第四乐段：艺人炫技** 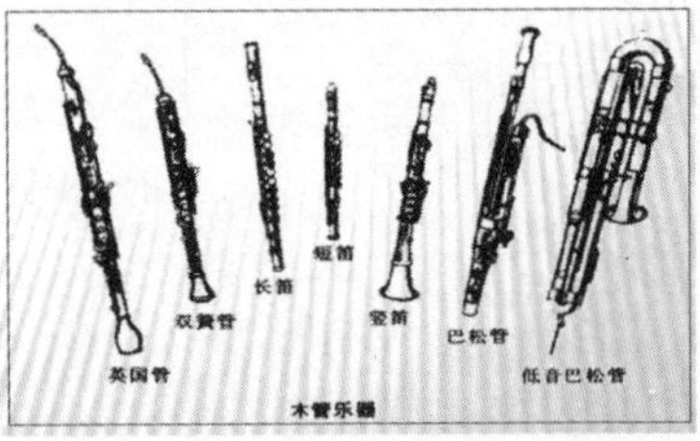	教师总结，并引出木管乐器组。	

续 表

教学环节	教学内容	教师活动	学生活动	设计意图
新课教学	五、酋长视察	1.听一听： （1）你觉得这一段音乐表达了什么情景？ （2）它是用什么类型的主奏乐器演奏的呢？	学生聆听，然后思考表达情景与主奏乐器。	让学生带着问题去聆听、去思考、去总结。
		2.演一演：引导学生随着音乐演绎酋长视察的情景。	学生随着音乐演绎酋长视察的情景。	在活动中体验音乐。
		3.归纳：为了体现酋长的威严，乐曲中运用了铜管乐器组。铜管乐器音色宏大、音量宽广，适于表现威严而庄重的场面。 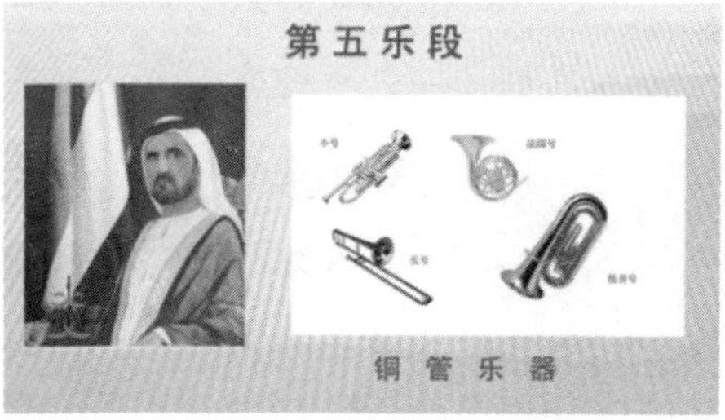 	学生体会、了解、认识铜管乐器。	通过聆听、体验，进一步认识铜管乐器的音乐，归纳出铜管乐器的特点。
	六、完美收市	酋长走远了，波斯市场还在演绎它五彩斑斓的场面。请大家完整地聆听全曲，边听边用动作完成各个场景出现的顺序吧！ 	完整聆听乐曲，然后根据音乐变化，用动作表示各个场景的先后顺序。	欣赏全曲，做出动作，既可以检验知识的掌握情况，又可以完整聆听全曲。
拓展延伸	余音缭绕	熙熙攘攘的波斯市场收市了。骑着骆驼的商人渐渐走远了，公主美妙的歌声、美好的舞姿还在大家的头脑中久久环绕。	学生进一步感受乐曲的意境。	领悟乐曲后半段，还反复出现各个主题的原因。

续表

教学环节	教学内容	教师活动	学生活动	设计意图
课堂小结	在《波斯市场》这首乐曲中，我们不但领略了波斯独特的风土人情，还学习了用不同的乐器与乐器组去演绎不同的角色。感受了弦乐器组、木管乐器组、铜管乐器组不同的音色特点。 希望同学们能根据不同乐器演奏音乐的表现要素，领略不同的意境。			

【板书设计】

波斯市场

驼铃声声	<
乞丐迎宾	男声合唱
公主巡游	弦乐器组
艺人炫技	木管乐器组
酋长视察	钢管乐器组

【教学反思】

《波斯市场》是一首情节、段落鲜明的管弦乐曲。在音乐中，波斯集市繁华喧闹、五彩缤纷的景象被生动地呈现出来。在教学中，我从以下几个方面进行引导。

1. 注重审美体验，激发情感共鸣

在整堂课中，我紧紧抓住以审美为核心，引导学生带着问题细细聆听。在聆听中去发现音乐的要素，在聆听中去感受音乐的情绪，在聆听中去体会音乐的情景。

2. 强调音乐实践，鼓励音乐创造

虽然欣赏音乐是听的艺术，但音乐素养的提高只能在音乐实践中逐步实现。在本节课中，运用了大量的音乐实践与创造活动。这些丰富多彩的音乐活动都为更好地体验音乐奠定了坚实的基础。

3. 关注音乐要素，紧扣音乐特点

整节课都紧紧依托音乐要素，从演奏的乐器、音乐的强弱变化等音乐要素入手，引导学生感受音乐、体会音乐。每一次音乐实践都抓住音乐的特点进行诠释。

4. 面向全体学生，注重个性发展

整节课都面向全体学生，让全体学生共同参与、共同体验。在某些特定环节，根据学生的不同特点，注重个性的发展，凸显个人能力。

当然，在教学中还存在着语言不够精练、提问缺乏导向性等问题，希望在后续的教学中能够扬长补短，再接再厉。

人音版音乐三年级下册 第3课

《荫中鸟》教学设计

东莞市企石镇教育管理中心　黄伟玲

【教学理念】

音乐对大自然的描绘把人们引入丰富的想象中。通过欣赏乐曲笛子独奏《荫中鸟》，让学生体验音乐对大自然的描绘功能。同时注重学生的审美体验，让学生成为音乐欣赏的主人，变被动学习为主动欣赏音乐。

【教学目标】

1. 情感态度与价值观

通过聆听乐曲《荫中鸟》，感受人们崇尚自然、热爱自然的情感。

2. 过程与方法

通过聆听、模仿、对比等感受音乐所表现的“鸟”的形象，并能根据音乐进行联想和想象。

3. 知识与技能

认识笛子及其分类，结合乐曲的欣赏进一步感受民族乐器（笛子、二胡）丰富的表现力。

【教学分析】

欣赏曲目《荫中鸟》是一首笛子独奏曲，刘管乐作曲，创作于20世纪50年代。乐曲通过对一群在树荫中嬉戏逗乐的鸟儿的描写，表现出作者乐观豪放的情绪和对美好生活的向往。乐曲中运用了民间流行的滑音、吐音、花舌音等竹笛吹奏技巧，更加生动地表现了树荫中百鸟争鸣的景象，借景抒情，表达了人们对新生活的热情赞颂。三年级学生年龄在9～10岁，他们以形象思维为主，好动、注意力易分散且持续时间较短，但他们想象力丰富，容易被新鲜、多样的教学方法所吸引，学习兴趣易被激发。同时，学生在以往的学习中也已经掌握了一些学习方法，并且有了一定的欣赏能力和理解能力。

【教学重点】

学生感受笛子的表现力及乐曲的情绪和艺术情境。

【教学难点】

引导学生感受音乐所表现的“鸟”的形象，并能根据音乐进行联想和想象。

【教学课时】

1课时。

【教学准备】

竹笛、课件、多媒体。

【教学过程】

教学环节	教师活动	学生活动（课件和微课截图）	设计意图
新课导入	1.初听全曲感受。 小朋友们，大家好！欢迎来到黄老师的音乐课堂，今天，老师和大家一起走进大自然，去聆听大自然的美妙歌声。下面请你们聆听一段音乐，听听看，你们都听到了什么声音？看到了怎样的景象？这首乐曲是什么乐器演奏的？ 2.解疑。 老师觉得仿佛来到了一片绿树成荫的地方，看到了百鸟齐鸣、一派生机勃勃的景象，现在老师想考考你们，谁来回答刚刚老师提出的问题？	 1.初听感受《荫中鸟》。 2.抽学生作答。	给学生以直观的听觉感受，激发学生的兴趣。
新课学习	1.认识竹笛。 2.认识曲笛和梆笛及其演奏技巧。	1.学生试吹，直观比较两者的不同。 	1.让学生试一试、吹一吹，直观认识并体验乐器的特点。 2.通过分段欣赏，加深对音乐的理解。帮助学生对乐曲段落进行分析理解，知道简单的曲式常识。

续 表

教学环节	教师活动	学生活动（课件和微课截图）	设计意图
新课学习	3.揭题《荫中鸟》。 师：刚才我们听到的是乐曲《荫中鸟》，它是我国竹笛演奏家刘管乐先生于20世纪50年代创作的，乐曲为我们展现的是一片绿荫当中，百鸟齐鸣的一派生机勃勃的景象，像鸟儿的合唱团。接下来请同学们闭上眼睛细细聆听。 4.分段欣赏乐曲。 （1）欣赏引子部分。 师：先听引子部分，听听鸟儿们在干什么？ ①播放引子部分音乐。 ②学生自由想象作答，师板书并小结。 师：孩子们，你们听到两只鸟儿在飞翔和对唱了吗？一只鸟儿在呼唤："这儿树荫多凉快，快来啊！"另一只鸟儿应答："哦，我来啦！"非常生动地将我们引入鸟的世界。 （2）欣赏第一乐段音乐。 师：接下来我们一起听乐曲第一部分，听听鸟的世界发生了什么事？节奏和速度是怎样的呢？ ①播放第一乐段音乐。 ②学生分组讨论作答，师板书并小结。	2.学生自由想象作答。 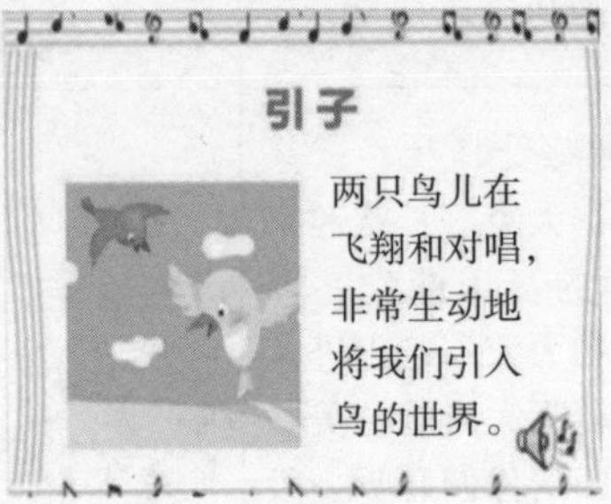  3.学生聆听第一部分音乐。 4.分组讨论想象，派代表作答。  5.学生自由表演对歌情境。  	3.通过聆听、模仿、对比等感受音乐所表现的鸟的形象，并能根据音乐进行联想和想象。 4.完整感受笛子的表现力及乐曲的情绪和艺术情境。

续 表

教学环节	教师活动	学生活动（课件和微课截图）	设计意图
新课学习	师：孩子们，你们看到鸟儿在树荫中飞舞、戏耍的情景了吗？这段音乐使人联想起鸟儿在树林中尽情对歌、蹦跳戏耍的场景。节奏紧密、速度欢快。老师还想到它们在树林中尽情对歌，它们是怎么对唱的呢？ ③师示范鸟鸣片段。 ④学生自由表演：我们也来对歌吧！ （3）欣赏第二乐段音乐。 师：中间部分在轻快的曲调伴奏下，笛子运用特有的技巧模仿各种鸟鸣声，请你们仔细听一听，有你熟悉的小鸟吗？ ①播放第二乐段音乐。 ②抽学生回答。 ③听一听：教师找来了最接近音乐的这几种鸟鸣，我们一起来听一听。 ④小结：这段音乐中，我们仿佛听到了翠鸟、画眉、布谷、百灵等许多不同的鸟叫，它们的叫声有的清脆，有的明亮，有的浑厚，有的低沉，你们觉得这逼真的鸟鸣声都得益于什么呢？那就要靠笛子丰富的演奏技巧了，如滑音、颤音、吐音、剁音、花舌音、多指颤音等，笛子丰富的演奏技巧把鸟鸣声表现得惟妙惟肖。	6.学生聆听第二部分音乐。 7.学生回答。 8.听辨鸟鸣声。 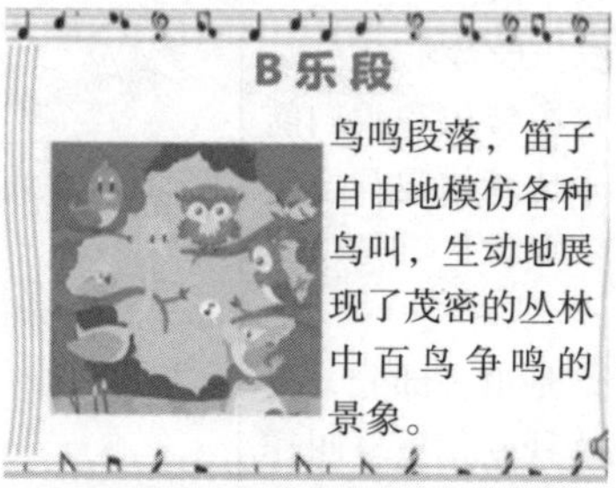 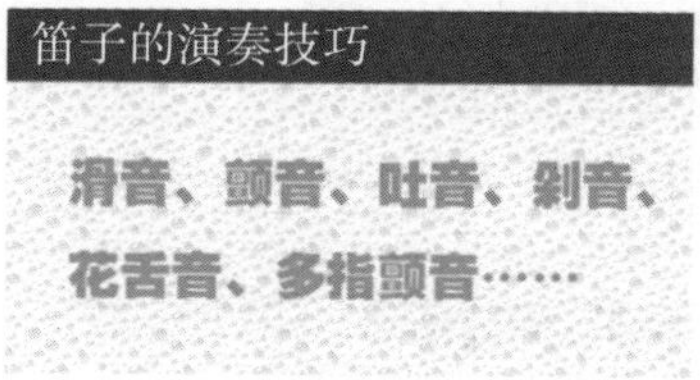 	

续 表

教学环节	教师活动	学生活动（课件和微课截图）	设计意图
新课学习	（4）欣赏第三乐段音乐。 师：同学们表现得真棒，请同学们听一听，第三段和第一段有什么联系？ ①播放第三乐段音乐。 ②你觉得这段音乐和我们前面哪段音乐比较像呢？学生回答。 ③小结。 师：对了，是第一部分，我们通常把这种变化重复叫作音乐的再现。如果让你用A和B给这首乐曲划分一下结构，你会怎么划分呢？（生回答）是的，这是ABA结构。 5.完整聆听全曲，整体感受。学生自由表现鸟飞、鸟叫等情景，进一步感受乐曲带来的美感。	9.聆听发现第三段音乐和第一段音乐的联系，找曲式结构。 10.自由表现鸟飞、鸟叫等情景。 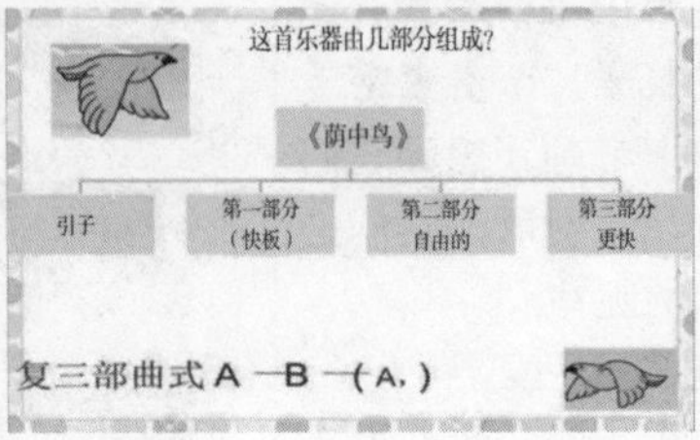	5.通过不同的乐器模拟鸟叫声，进行对比，进一步感受音乐中鸟的形象。
拓展欣赏	1.欣赏现场演奏版《荫中鸟》。 师：这首《荫中鸟》是由笛子演奏家刘管乐创作的，整首乐曲旋律活泼，现在让我们一起来欣赏一段演奏视频吧！ 2.欣赏二胡演奏的《空山鸟语》。 3.讨论：对比两首乐曲有什么相同之处和不同之处？学生回答。	 1.欣赏笛子视频《荫中鸟》。	

续表

教学环节	教师活动	学生活动 （课件和微课截图）	设计意图
拓展欣赏	4.小结。 师：同学们，这两首乐曲的相同之处在于都是用乐器模拟鸟叫声，表现大自然的情景，抒发对大自然的热爱之情。不同之处主要是乐器的音色不同，在表现技法上也有所不同。	 2.欣赏二胡视频《空山鸟语》。 3.讨论对比相同之处与不同之处。	
小结	课堂小结： 希望同学们能通过更多的途径接触民族音乐，学习演奏民族乐器，繁荣民族文化。同时，老师也希望同学们热爱大自然，保护鸟类。让我们在这动听的笛声中说再见吧！下课！	谈感受和收获。	回顾课堂谈收获，延伸环保教育意识。

【教学反思】

《荫中鸟》是一首笛子独奏曲，旋律优美、欢快，学生十分喜欢。在欣赏的过程中，学生认识了中国的竹笛，也培养了学生的审美情趣。以下是我对这节课的反思。

1. 培养良好的倾听习惯

美国教育家科普兰说：“如果你要更好地理解音乐，再也没有比倾听音乐更重要的了。”什么也代替不了倾听音乐。倾听是一种技巧，更是一种修养。但听赏习惯不是与生俱来的，需要教师慢慢浸润、感染和培养。因此，在本课的设计中，我用聆听时的相对安静来实现音乐的传递，表现出对音乐的尊重；用优美的语言切实引导学生对乐句结构、速度变化的关注，对音乐内容的个性解读等。在实际教学中，此项目标完成得很好。

2. 用多样化的聆听激发兴趣

我认为，听赏就是要充分地听。在本教案的设计中，我就用了全曲静听、分段有目的地听、在表演中听、在画中听、对比聆听等各种方法。设计时，遵从循序渐进的原则，慢慢消除学生对聆听的无目的性，抑或对聆听的恐惧心理，激发学生对音乐世界的兴趣，引导学生一步一步走进《荫中鸟》。

音乐是一门听觉艺术，一切实践活动都离不开学生的听觉体验。在听之前，给学生设计一些带有启发性与引导性的问题，让学生听有目标、听有兴趣、听有思考，在听中激起思维的火花。

人音版音乐六年级下册 第1课

《春之歌》教学设计

东莞市茶山镇第二小学　吴静盈

【教学理念】

《义务教育音乐课程标准（2011年版）》明确指出：“感受与欣赏是音乐学习的重要领域，是整个音乐学习活动的基础，是培养学生音乐审美能力的有效途径。良好的音乐感受能力与欣赏能力的形成，对于学生丰富情感、提高文化素养、增进身心健康具有重要意义。”本课围绕“春天来了”这一主题，从听觉入手，运用知识可视化学习资料，初步感受春天的美丽景色，激发学生探索音乐的兴趣，鼓励学生对所听音乐表达独立的感受和见解，养成聆听音乐的习惯，让学生体验音乐中表现的“春”的意境和情绪，感受人们对“春”的期盼和对春天的赞美之情。

【教学目标】

1. 情感态度与价值观

通过聆听《春之歌》，在乐曲中体验“春”的意境和情绪，感受人们对“春”的期盼与对春天的赞美之情。

2. 过程与方法

综合运用视频可视法、律动参与法等欣赏教学方法，感受乐曲中的二拍子的特点，体会乐曲所表达的意境。

3. 知识与技能

通过对《春之歌》的学习，认识德国作曲家门德尔松，了解乐曲的创作背景。

【教学分析】

《春之歌》是门德尔松《无词歌》中的第30首。A大调，2/4拍三段体。第一乐段以流畅而清丽的旋律呈现出绿草茵茵、小溪潺潺的春色。经过数小节的铺垫，第二乐段转为E大调，乐曲的情绪也由恬静舒缓发展为活泼激动，并用密集的节奏结束本乐段。第三乐段转回到A大调，并再现了前面的两个主题，力度渐弱。尾奏中的装饰音更是起到了画龙点睛的作用，表现了春光无限、万物蓬勃的景象。

【教学重点】

通过聆听《春之歌》体验“春”的意境和情绪，感受人们对“春”的期盼与对春天的赞美之情。

【教学难点】

通过聆听《春之歌》感受乐曲中二拍子的节拍特点。

【教学课时】

1课时。

【教学准备】

多媒体课件、音频、相关视频。

【教学过程】

教学环节	教师活动	学生活动 （课件和微课截图）	设计意图
课前导学	1.播放春天的视频，配乐《春之歌》钢琴曲片段。 2.刚刚我们听到的钢琴曲就是《春之歌》，是由德国作曲家门德尔松创作的。 3.介绍作者：门德尔松是一位钢琴神童，他不光是一位作曲家，还是德国浪漫乐派最具代表性的人物之一。 4.介绍作品：今天我们欣赏的《春之歌》创作于1842年6月，当时门德尔松正在英国伦敦访问，他漫步在坎伯韦尔大草坪附近，沐浴着初夏晚春季节里和煦的微风，不由得乐思泉涌，写下了这首名曲，是《无词歌》中最著名的一首乐曲，后来又被改编成小提琴曲和交响乐曲。	   	1.通过对春天的美好憧憬，激发学生对乐曲的兴趣，为接下来的欣赏教学做铺垫。 2.通过图片认识门德尔松，了解《春之歌》的创作背景，以便学生对乐曲的音乐形象的理解。

续表

教学环节	教师活动	学生活动 （课件和微课截图）	设计意图
课中探究	1.聆听第一乐段。 蝴蝶姑娘拉着小提琴，恬静舒缓的音乐，让人仿佛置身于绿草茵茵、小溪潺潺的春色中，令人陶醉。（播放《春之歌》视频第一乐段） 2.聆听第二乐段。 让我们伸出手随着蝴蝶姑娘一起飞舞，感受一下这首乐曲是什么拍子？（播放《春之歌》视频第二乐段）随着蝴蝶姑娘不断“跳”“起”的动作，大家都听出来这是一个四二拍的乐曲，情绪也由第一乐段的恬静舒缓发展为活泼激动，就像春天的脚步在跳跃，节奏也变得紧密起来，像极了春天里百花盛开的欢乐气氛。 3.聆听第三乐段。 接下来是最后一段，请你竖起耳朵仔细听听，蝴蝶姑娘又看到了什么美景呢？大家可以用身体动作来比画看到的景色，还可以跟着音乐一起哼唱！（播放《春之歌》第三段音频）大家是不是觉得旋律很熟悉呢？因为这是一个再现乐段，力度越来越弱，尾声中的装饰音更是起到了画龙点睛的作用，让人感受到春光无限、万物蓬勃之意。	 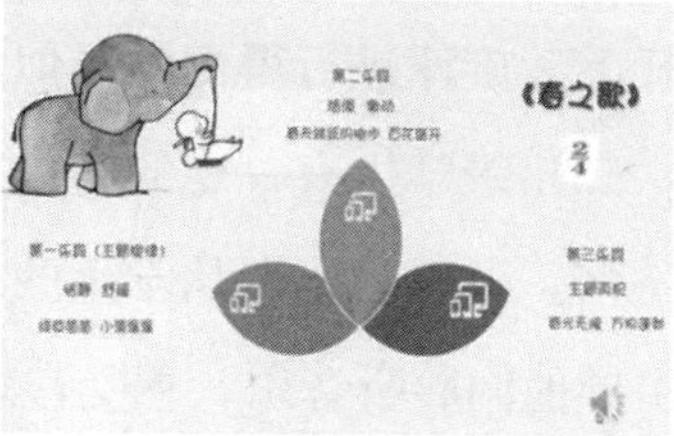 	通过分段聆听，感受二拍子的特点。对乐段中的速度、情绪做对比，使乐曲的音乐形象更具象化。

续 表

教学环节	教师活动	学生活动（课件和微课截图）	设计意图
课后延伸	1.这就是我们今天欣赏的《春之歌》，旋律优美抒情、轻盈摇荡，让我们再次完整聆听一遍这首优美的乐曲吧！ 2.拓展：伟大的作曲家门德尔松带给我们的还有很多很多优美动听的乐曲，同学们课后可以上网查阅。		通过对乐曲的完整聆听，感受人们对“春”的喜爱与赞美之情。

【教学反思】

《春之歌》是《无词歌》中最著名的一首，旋律时而恬静舒缓，时而活泼激动，描绘了春光无限、万物蓬勃的景色。《无词歌》是门德尔松用来指那种在伴奏声部的衬托下，旋律进行得像歌唱似的钢琴独奏曲。他的《无词歌》共分8集，每集6首。二年级学生有一定的音乐感知能力，但由于年龄较小，接受音乐方面的知识不多。所以，本课从学生的视觉入手，牢牢抓住学生对大自然的好奇心，充分引导他们聆听音乐、感受音乐、表现音乐。

本节课也存在不足之处，应该通过多种方式引导学生感受音乐，才能更好地表现音乐。音乐的美是抽象的，每个人都有自己的想象空间，无论是多优美、生动的语言或画面都无法形容，应该根据自己的想象，用自己喜爱的方式表现出来。

人音版音乐三年级上册 第2课

《赛马》教学设计

东莞市横沥镇中心小学　陈秋敏

【教学理念】

本课“采用多种形式引导学生积极参与音乐体验，培养聆听音乐的兴趣和习惯；以音乐审美为核心，以兴趣爱好为动力；强调音乐实践性；鼓励音乐创造，弘扬民族音乐”等教学理念。通过各种有效教学手段引导学生体验音乐的魅力，激发学生与音乐亲密接触的兴趣，让学生在课堂学习中获得美的享受。

【教学目标】

1. 情感态度与价值观

通过听、唱、舞、奏《赛马》等音乐实践活动，让学生感受音乐奔放、欢腾的情绪，想象音乐表现的情境。

2. 过程与方法

（1）熟悉并唱会主题音乐，感受音乐所要表达的场面。

（2）认识二胡，知道其音色特点及演奏技法，并会模仿演奏，体验二胡的艺术魅力。

（3）用身体律动来表现音乐，表达了豪放、勇敢的性格。

3. 知识与技能

（1）通过乐曲的赏析，让学生了解蒙古族人民的豪放与勇敢的性格。

（2）蒙古族人民通过赛马盛会，表现了他们对草原、对生活的无比热爱之情。

【教学分析】

二胡独奏曲《赛马》描写了我国蒙古族人民在欢度节日、举行赛马盛会时热闹而欢快的场面，表现了他们对草原、对生活的无比热爱之情。乐曲由三个部分组成。

第一段（第1～40小节）音乐热烈奔放，强有力的附点四分音符和十六分音符组成的节奏，显得轻快而有力，仿佛是矫健的骑手随着出发的号令，如离弦之箭，疾驰而出，骑手们你追我赶，呈现出一派紧张、热烈的气氛。

第二段（第41～88小节）以蒙古族民歌《红旗》为主题，旋律刚健有力，八度音程的大跳进行和铿锵有力的节奏，表现了内蒙古草原上的骑手勇敢、豪放的性格。这一主题旋律第一次反复运用“× × × × ×”这样的节奏加以变化；第二次反复则由伴奏乐器奏主旋律，而独奏乐器二胡用指拨弦为主旋律伴奏，形象地表现了马蹄疾驰、你追我赶的场景。

第三段是第一段的变化再现，快速分弓演奏旋律，情绪热烈高涨，使赛马的欢腾场面又一次呈现在人们面前。最后用颤弓奏出强烈的羽音，以坚定的节奏结束全曲，铿锵有力。

【教学重点】

1. 让学生感受音乐奔放、欢腾的情绪，想象音乐表现的情境。

2. 记住民族乐曲二胡的音色，学会分段。

3. 学生用唱、跳、拉奏、身体模仿马蹄声等来体验各种音乐活动。

【教学难点】

1. 模唱主题旋律。

2. 会为乐曲分段并感受音乐的情绪变化。

3. 听辨出主题2出现了几次，了解二胡演奏的技法。

【教学课时】

1课时。

【教学准备】

1. 在教学过程中，为支持教师的教，我以PowerPoint为课件，增强直观性。

2. 为了让学生更直观地认识二胡，把二胡带到课堂中，并亲自演奏《赛马》，大大提高了学生的兴趣，增强了学习自主性、实效性，也让学生体验了国乐二胡的艺术魅力。

3. 课前做好《认识二胡》的微课，为翻转课堂模式做准备，充分体验学生的主体地位。

【教学过程】

教学环节	教师活动	学生活动	设计意图
导入	1.谈话导入。 同学们好，今天老师带来了一首很好听的曲子，想听吗？	1.师生问好。	1.通过谈话，引入老师范奏，激发学生的好奇心。
	2.老师提出问题后范奏。 （1）听到这个音乐，你想到人们在做什么？（比赛） （2）乐曲的速度怎样？（快） （3）乐曲是用什么乐器演奏的？（二胡）	2.学生带着老师提出的问题聆听后回答。	2.现场范奏激发学生的学习兴趣，让学生近距离体验二胡的艺术魅力，并感受音乐所要渲染的场景，发挥学生的想象力。感受乐曲表达的情绪。
	3.乐器介绍： 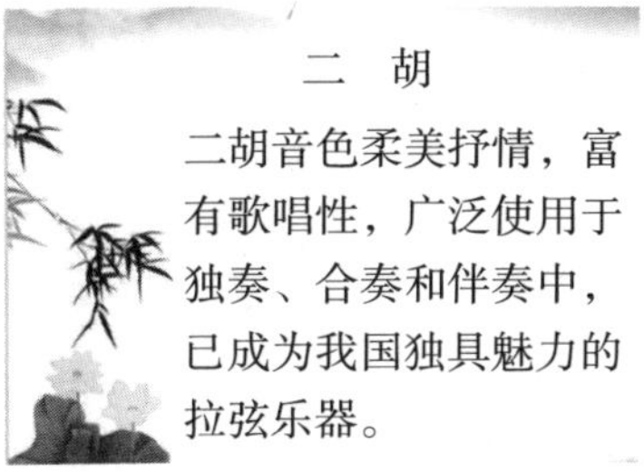 	3.学生观看并聆听学习。	3.通过老师的介绍，让学生对二胡有初步了解与音色体验，激发学生对二胡这一民族乐器产生浓厚的兴趣，从而为热爱我国民族乐器奠定基础。

续 表

教学环节	教师活动	学生活动	设计意图
导入	4.拿出二胡给学生当面介绍其构造，让学生聆听其音色。 5.播放视频，请学生帮忙分段，并说出是哪个民族的音乐（老师做适当的提示）。 6.简单介绍蒙古族。 蒙古族主要分布在我国内蒙古、辽宁、吉林、新疆一带，是游牧民族，每年都要举行那达慕大会，其中有赛马、射箭、摔跤、歌舞等活动。	4.学生聆听后回答：三段。 蒙古族。	4.音画结合，让学生更直观地感受蒙古族人民赛马时热闹、激烈的场面，加深音乐印象，充分调动学生学习的积极性，为赏析音乐降低难度。引导学生学会分段，并为分段聆听做铺垫，明确学习内容。
聆听乐曲第一段	播放第一段音乐并出示问题。  	聆听交流回答。	通过聆听和提问，让学生感知第一乐段的情绪、力度、速度。
聆听乐曲第二段	1.学唱主题旋律。 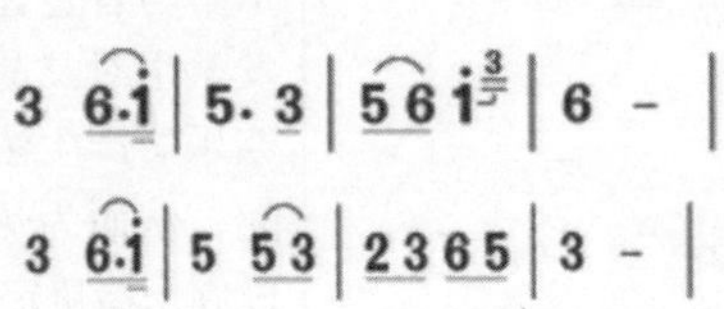 老师分别用钢琴、二胡弹/拉唱这个主题旋律。	1.学生跟着老师的琴声学唱主旋律。	1.通过发现、唱、模仿拉奏巩固主旋律，体验拉奏二胡的乐趣，并为后面的变奏学习奠定基础。

续 表

<table>
<tr><th>教学环节</th><th>教师活动</th><th>学生活动</th><th>设计意图</th></tr>
<tr><td rowspan="2">聆听乐曲第二段</td><td>2.聆听第二段提出问题。
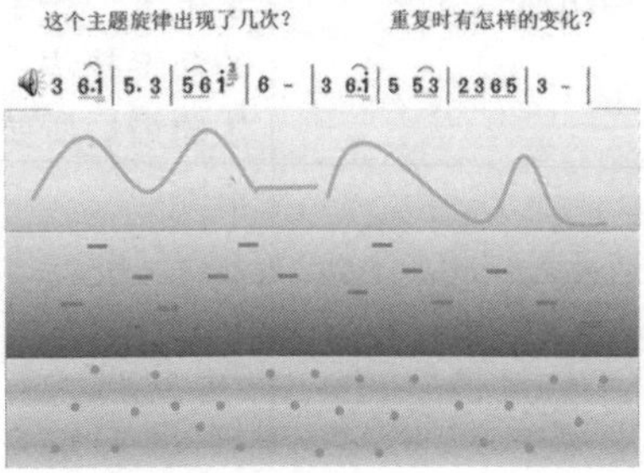

你喜欢哪种？为什么？
3.介绍并用三种技法范奏出现的主题音乐，总结变化节奏。
第一次变化：× ×× × ×
第二次变化：
○× ×× | ○× ×× | ○× ×× |
×× ×× |</td><td>2.学生自主发言：
（1）3次。
（2）第一次节奏变快了。
（3）第二次变奏是拨弦。</td><td>2.让学生看着图形谱聆听第二段，清晰地显示变奏旋律变化的特点，说出喜欢哪种变奏的原因，分享感受，并引出二胡的演奏技法，顿弓与拨弦。</td></tr>
<tr><td>4.老师拨弦范奏，提问。
（1）第二次重复时，二胡跟前面的演奏有什么不一样？
（2）用拨弦模仿什么声音？
（3）拨弦技法表现了蒙古族人民怎样的性格特点？</td><td>3.学生回答：
（1）不是拉奏，而是拨弦。
（2）马蹄声。
（3）不畏风雨、勇往直前的精神。</td><td>3.通过身体器官模仿二胡拨弦，在模仿中体验马蹄声，体会合作的愉快感受；更深一步了解二胡的演奏技法，让学生喜欢我国的民族乐器，从而培养爱国意识。</td></tr>
<tr><td>聆听乐曲第三段</td><td>1.聆听后出示问题。
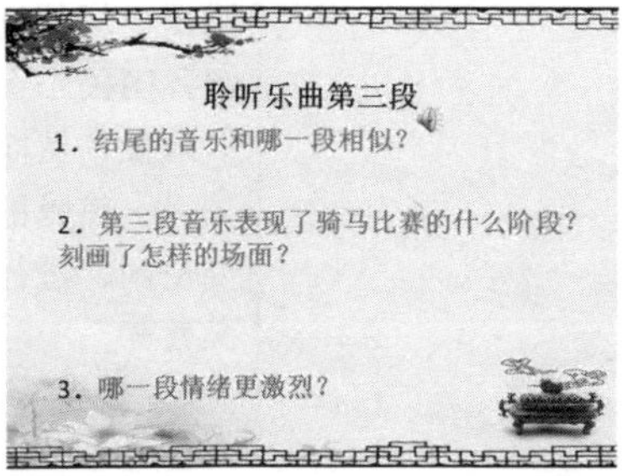
</td><td>1.学生回答:
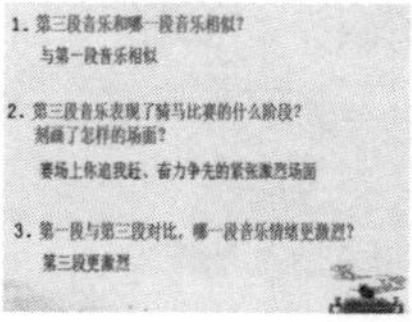
</td><td>1.通过对比学习，使赛马的欢腾场面又一次呈现在人们面前，并且加深了第一主题的记忆。</td></tr>
</table>

续表

<table>
<tr><th>教学环节</th><th>教师活动</th><th>学生活动</th><th>设计意图</th></tr>
<tr><td rowspan="2">聆听乐曲第三段</td><td>2.向学生介绍颤弓：最后的一个音又有什么特点？
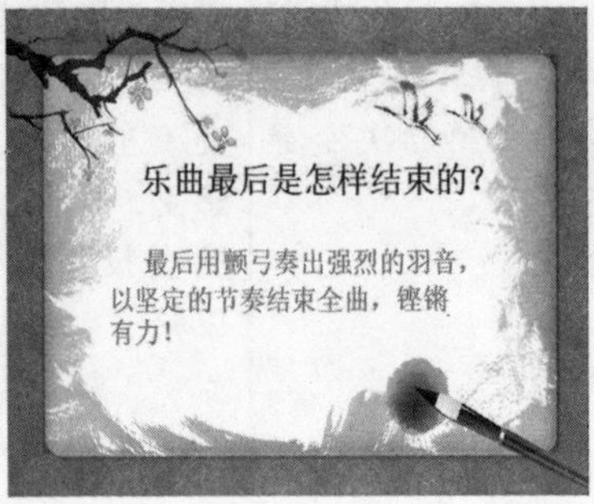

请你模仿演奏出来。</td><td>2.学生说一说，并模仿演奏。</td><td>2.介绍颤弓技法，让学生进一步了解二胡的演奏技法，并体验乐曲最后所要表达的情感。</td></tr>
<tr><td>3.你能说一说这个乐曲的曲式结构吗？选择。
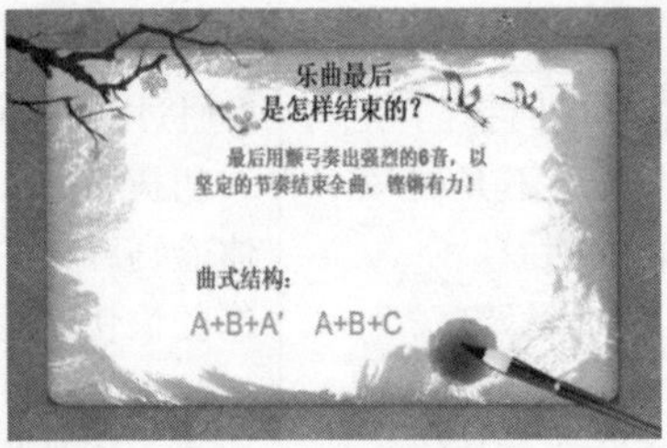
</td><td>3.学生选择。

</td><td>3.让学生清楚乐曲的结构，对乐曲有个结构概念。</td></tr>
<tr><td>拓展</td><td>给学生观看青年二胡演奏家陈军在国际舞台上的精彩演绎。
</td><td>学生观看并感受气氛，说出感受。</td><td>通过观看我国民族乐器二胡在国际舞台上的精彩演绎，让学生感受二胡的魅力，了解我国民乐在国际上的地位，从而产生自豪感，热爱民乐，热爱祖国，进行爱国主义教育。</td></tr>
</table>

【教学反思】

新课程标准提出“采用多种形式引导学生积极参与音乐体验，培养聆听音乐的兴趣和习惯”的教学理念。在新课标的指导下，我上了《赛马》这一节欣赏课，感受颇深。三年级学生处于活泼好动的年龄阶段，一般情况下，很难要求他们非常投入地欣赏一段音乐，那么就需要教师来引导他们一步一步地被音乐吸引。因此在教学中，我采用多种教学手段来引导学生积极参与音乐体验，从而培养他们的感受力、表现力、创造力和专注力。那么，如何保证学生的学习对象始终是音乐，就需要教师把握一个度，因为任何教学手段都是为音乐服务的。

在上《赛马》这节课前，由于我精心准备课程，因此教师和学生在课堂上兴致勃勃，学生总是快乐且充满情感地学习，取得了较好的效果。整个教学过程我有以下反思。

1. 成功之处

（1）运用了递进的学习方法，在趣味活动中得到练声，并学习了《赛马》主题1，为学习主题2奠定了基础。

（2）根据学生活泼好动的身心特点，我运用了达尔克罗兹教学理论，在分段细听时，采用体态律动与模仿相结合的手段进行教学。教学开始，我先让学生通过初听来感受音乐特点，充分为学生营造一个宽松自由的课堂空间，帮助学生轻松地感受音乐，联想情境。然后引出二胡，用翻转课堂教学模式，充分发挥学生的主体地位。最后利用视频手段创设情境，生动形象地引导学生打开视野。

（3）把乐器拿到课堂上，让学生亲手去看一看、摸一摸、拉一拉，大大调动了学生的兴趣，孩子们兴奋、活跃，看到孩子们兴奋的表情，我知道做对了，要让孩子面对面来了解我们的民族乐器二胡。当我现场演奏《赛马》时，孩子们透露出羡慕和喜悦的表情，更是让我感到欣慰！让学生近距离体验二胡的艺术魅力，并感受音乐所要渲染的场景，发挥学生的想象力，感受乐曲情绪。

（4）在整个教学过程中，我紧紧抓住以音乐审美为核心，让学生充分感受音乐情境。在细听A段时，当学生通过模仿打马鞭和万马奔腾的体态动作所表现出来的激烈的赛马场面，脸上洋溢出紧张的神情时，我知道学生已与音乐融为一体。在模仿马嘶鸣的动作时，学生更表现出极大的兴趣和热情，现在想到那一匹匹“小骏马”可爱的模样，我的心就会随之兴奋起来，这说明我的教学是成功的。他们已在律动与模仿中感受到了《赛马》所表现的意境和情趣。

（5）针对学生以形象思维为主的特点，我精心设计制作了图形谱进行直观教学，帮助学生更好地感受音乐。学生在看谱、画谱、唱谱的过程中，轻松地感受到音乐的段落及主题旋律，听辨出B段的三个层次。在这个过程中，我启发学生对已学过的蒙古族舞蹈动作进行回忆，并运用到本曲中，达成了教学目标，突破了教学重点，取得了很好的效果。

（6）我尊重学生的创造精神，鼓励他们大胆探索、创新表现。特别是在创编伴奏过程中，我留出了充足的时间，让学生自由探索，用身体模仿马蹄声，并为乐器伴奏。师生合作，学生分单马、组马、群马等，在教师的指挥下，烘托出热闹激烈的赛马现场情景，使学生积极参与音乐实践，体现出注重学生音乐实践的理念。学生的脸上不由自主地流露出成功的喜悦，突破了教学难点。

（7）面向全体学生，充分肯定学生，也是本节课的一大亮点。在整个教学过程中，我能引导全体学生积极参与音乐体验，每一个环节都能为个别后进生提供表现的机会，并适时给予评价。如当听到B段的三个层次时，我提问学生音乐情绪变得怎么样了？当时一个学生说变得“温柔”了，我马上给予鼓励：“对，这种感受是对的，但能换一个更准确的词吗？”学生思考了一下，回答：“柔和。”我高兴地表扬：“你很棒，就是这种感觉。”我相信，这一定让那个学生受到了激励。一节课结束，我感觉到全体学生都能精神饱满地参与到每一个教学环节中，从而提高了感受音乐、表现音乐、创新音乐的能力，还学会了协作的学习，提高了交往能力，增强了自信心。

2. 有待提高之处

（1）时间有点紧，导致某些环节有点赶，学生体验不够细致，后面的语速与环节落实不到位。

（2）由于三年级学生欣赏音乐的能力正处于转折阶段，本节课在引导他们入情入景体验感受方面还要多下功夫。

人音版音乐三年级下册 第6课

《孤独的牧羊人》教学设计

东莞市企石镇教育管理中心　黄伟玲

【教学理念】

音乐是听觉的艺术。所有音乐作品的欣赏、分析、创造都是为了培养学生的感受能力和音乐表现能力，从审美的角度去感悟作品获得美的感受。本节课通过欣赏不同题材的影视音乐，借助影视歌曲作为载体，运用学生最熟悉的动漫音乐作为切入点，旨在引导学生初步感受、体验影视音乐的作用，开阔学生的音乐欣赏视野，培养学生良好的聆听音乐的习惯，充分调动学生欣赏音乐的积极性，让他们参与到音乐实践中来，在轻松愉快的气氛中获取音乐知识。

【教学目标】

1. 情感态度与价值观

通过欣赏歌曲《孤独的牧羊人》，感受乐曲诙谐、轻快、活泼、生动的情绪。

2. 过程与方法

通过为歌曲创设情境，表现童话般的意境，初步培养学生对音乐的理解、想象和表演能力。

3. 知识与技能

体验美国乡村歌曲的特点，了解音乐剧的知识。

【教学分析】

《孤独的牧羊人》是美国电影《音乐之声》的一首插曲，这部电影获得第38届奥斯卡5项金像奖。讲述了一个发生于1938年奥地利的真实故事。歌曲《孤独的牧羊人》是这部影片中的插曲，它是以“戏中戏”的方式出现的，是女教师和孩子们一起做木偶戏表演时所唱的歌曲。歌曲第一部分的节奏紧促欢快，旋律活泼跳跃，大跳音程频频出现，使歌曲显得十分轻松，充满活力。第二部分的音调较平稳，节奏也稍做拉宽。歌中的衬词“来咿噢都”可视为牧羊人所唱的歌曲，使歌曲更为诙谐、有趣，这都是美国乡村音乐的旋律风格和演唱特点。

在音乐教学中，欣赏往往被忽视，但学生如果缺少大量的音乐欣赏积累，那么音乐的美感就不能为学生所感受。本节课将“影视音乐”作为知识点，学生是第一次接触，设计的重点放在激发学生学习音乐的兴趣上，因此，本节课主要是通过欣赏不同题材的影视音乐，让学生初步了解什么是影视音乐、音乐剧、约德尔唱法等，帮助学生积累经典的音乐作品，提高学生的音乐感受能力，时刻关注学生的实际情况，充分调动学生的学习积极性，努力营造活跃的课堂气氛，让学生在轻松愉悦的氛围中感受音乐的美。

【教学重点】

体验美国乡村歌曲的特点，认识约德尔唱法，了解音乐剧的知识。

【教学难点】

培养学生对音乐的理解、想象和表演能力。

【教学课时】

1课时。

【教学准备】

PPT课件、琴。

【教学过程】

教学环节	教师活动	学生活动（课件和微课截图）	设计意图
组织教学	师生问好。		
谈话导入	师：同学们，欢迎乘坐本次音乐快车，我是列车长。今天，将由我带领大家穿越时空，回到20世纪60年代的美国电影《音乐之声》中，欣赏三首具有浓郁美国乡村音乐风格的歌曲，去领略美国乡村音乐独有的魅力，并简单了解什么是音乐剧。在开始之前，请允许我为大家简单介绍电影《音乐之声》。	同学们，欢迎乘坐本次音乐快车。 	用谈话导入，吸引孩子的注意力，激发孩子的兴趣，为后面的学习打下基础。

续 表

<table>
<tr><th>教学环节</th><th>教师活动</th><th>学生活动
（课件和微课截图）</th><th>设计意图</th></tr>
<tr><td rowspan="2">讲授新课</td><td>1.介绍《音乐之声》。
师：电影《音乐之声》由同名音乐剧改编，影片讲述的是一个发生在奥地利的真实故事。一位退役的海军军官有7个调皮可爱的孩子，为了教育好这些孩子，军官聘请了一位美丽善良的家庭教师玛利亚。玛利亚能歌善舞，活泼开朗，她用音乐和特有的教育方式启迪、熏陶着孩子们，最终，玛利亚和孩子们建立了深厚的友谊。</td><td>
《音乐之声》是一部美国好莱坞音乐剧，讲述了一个发生于1938年奥地利的真实故事。一位退役的海军军官家中有7个调皮的孩子，为了教育好这些孩子，他聘用了一名家庭女教师。女教师玛利亚能歌善舞，通过音乐及生动的教育方法启迪着7个孩子，并与孩子们产生了深厚的感情。
孤独的牧羊人

1.欣赏木偶剧。
2.讨论歌曲情绪：欢快、幽默、诙谐。</td><td rowspan="2">通过让学生观看木偶剧视频，体会歌曲的风格特点，感受歌曲幽默、活泼、诙谐的特点。</td></tr>
<tr><td>2.欣赏木偶剧《孤独的牧羊人》。
师：同学们，列车到站了，让我带着你们去观看她和学生表演的木偶剧《孤独的牧羊人》。</td><td></td></tr>
</table>

续表

教学环节	教师活动	学生活动 （课件和微课截图）	设计意图
讲授新课	3.讨论：歌曲给你带来了什么样的感受？ 4.欣赏原曲音乐《孤独的牧羊人》，感受约德尔唱法。 5.设问：歌曲最吸引你的地方在哪？你能模仿吗？ 6.讨论回答。 7.分析歌曲背景和音乐要素。 8.认识约德尔唱法。 师：像这样假声和真声的交替，使歌曲诙谐幽默，叫作约德尔唱法。 约德尔唱法的特点是在演唱开始时，在中、低音区用真声唱，然后突然用假声进入高音区，并且用这两种方法迅速交替演唱，形成奇特的效果。	3.认真聆听音乐。 4.回答设问。 孤独的牧羊人 歌曲背景　选自电影《音乐之声》，奥地利民歌 表达了勤劳可爱的牧羊人热爱自然、热爱生活的情感 节拍　二拍子 情绪　轻快、活泼 曲调风格　诙谐、幽默（衬词、真假声结合） 约德尔唱法（Yodeling） 源自瑞士阿尔卑斯山区的一种特殊唱法、歌曲 	学生通过参与体验，理解什么是约德尔唱法，感受美国乡村音乐的演唱特点。
	9.找一找：找出歌曲中的约德尔唱法。 10.猜一猜：歌曲中多次出现的衬词“来咿噢都”是谁的歌声？	5.找出约德尔唱法。 6.让学生动脑猜一猜。 7.学生讨论回答：《乃哟乃》《隆咚锵》等。	通过找一找、猜一猜、想一想、唱一唱、拍一拍等方法调动学生的积极性，共同体验美国乡村音乐的演唱风格。

续 表

教学环节	教师活动	学生活动 （课件和微课截图）	设计意图
讲授新课	11.想一想：学过的歌曲有哪些带衬词、衬腔的歌曲？ 师：在中国的一些民族中，除了直接表现歌曲思想内容的正词之外，也常常插入了一些语气词、象声词，甚至很多还是无意可解的语气。为了区别正词，我们称之为“衬腔”。 同学们，你们想想学过的歌曲中有哪些带衬词、衬腔的歌曲？ 12.跟钢琴模唱体验约德尔唱法。 师：接下来我们一起感受一下约德尔唱法吧！让我们首先来唱唱这两个乐句的旋律（唱），把歌词加进去（唱），再来感受一下它的旋律线特点，发现旋律的起伏大、节奏紧凑。我们伸出小手指一起来感受一下吧！ 13.接龙唱一唱：完整聆听歌曲，学生在衬词部分的时候一起唱。 师：接下来老师跟你们做个游戏，老师唱前面两小节，你们唱衬词部分好吗？ 14.玩一玩：听到“来咿噢都”时，跟着教师按照“××○××○”的节奏拍手。	衬词 来咿噢都　来咿噢都　来咿噢 噢都来咿　噢都来咿　噢都来咿咿 8.模唱体验约德尔唱法。 9.师生合作游戏。 衬词 来咿噢都　来咿噢都　来咿噢 噢都来咿　噢都来咿　噢都来咿咿 《约德尔唱法》  10.一起唱衬词。 11.跟衬词的节奏拍手。	

续 表

<table>
<tr><th>教学环节</th><th>教师活动</th><th>学生活动
（课件和微课截图）</th><th>设计意图</th></tr>
<tr><td rowspan="2">拓展延伸</td><td>1.介绍音乐剧创始人：理查德·罗杰斯。
师：同学们，在出发前我提到了电影《音乐之声》是由同名的音乐剧改编而成的，它的作者是谁呢？我们来了解一下。（PPT课件，介绍作者）《音乐之声》的作者是美国当代著名作曲家理查德·罗杰斯，他也是音乐剧的创始人。</td><td>
理查德·罗杰斯
《音乐之声》的作者是美国当代著名作曲家理查德·罗杰斯，他也是音乐剧的创始人。
了解作曲家理查德·罗杰斯。</td><td rowspan="2">通过介绍音乐剧的创始人和认识音乐剧，进一步进行相关知识的拓展，开阔学生视野，提高学生的音乐素养。</td></tr>
<tr><td>2.认识音乐剧。
师：音乐剧，又称歌舞剧，是音乐、歌曲、舞蹈和对白结合的一种戏剧表演，剧中的幽默、讽刺、感伤、爱情、愤怒作为动人的组成部分，与剧情本身通过演员的语言、音乐和动作以及固定的演绎传达给观众。音乐剧熔戏剧、音乐、歌舞等于一炉，富于幽默情趣和喜剧色彩。如音乐剧《猫》《灰姑娘》《狮子王》等，它的音乐通俗易懂，因此很受大众欢迎。今天我们学习的《孤独的牧羊人》就是音乐剧《音乐之声》的插曲。</td><td>简单了解音乐剧。

</td></tr>
</table>

续表

教学环节	教师活动	学生活动（课件和微课截图）	设计意图
小结	同学们！其实国外的“约德尔调”和中国民歌中出现的“衬词”“衬腔”都是劳动人民在劳动过程中日积月累形成的一种歌曲表现手法。同学们，希望这次旅程给你们带来愉快的回忆。同学们再见！	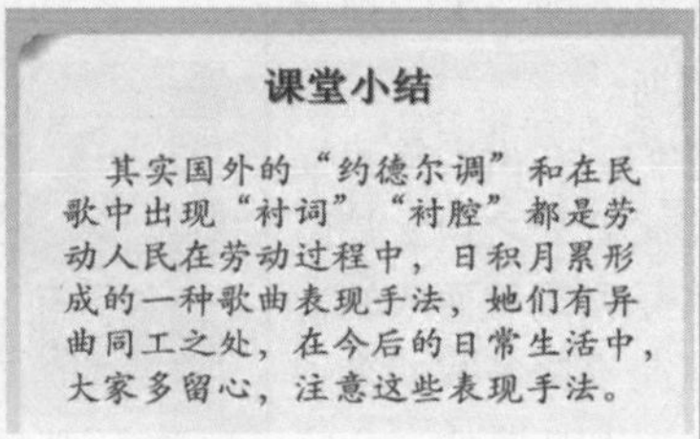	

【教学反思】

《孤独的牧羊人》是美国电影《音乐之声》的插曲。歌词和曲调都特别好听，歌词经过改编后，歌曲内容更符合学生的年龄特点，让学生感兴趣，也更容易理解。这首歌曲通过旋律、衬词的形式表现活泼、诙谐的风格。这样的作品可以让学生感受音乐元素。除此以外，这首歌曲还表现了孤独的牧羊人积极乐观的生活态度。现在的孩子大多数是独生子女，家长工作繁忙，生活节奏紧张，学生的交往机会较少，孤独感日益增强。这首歌曲可以启发学生在生活中用更积极的态度和更智慧的策略去面对各种消极情绪。

在教学中，我先请学生观看电影中木偶剧表演的片段，学生非常喜欢，课堂上一片欢笑声，在欢笑声中让学生思考这样的问题：①歌曲中有哪些角色？②歌曲带给你怎样的感受？③最吸引你的是哪一句？学生随着问题的深入，并与教师的互动欣赏，一步一步感受到了歌曲所要掌握的内涵，然后在歌曲“来咿噢都”处轻轻地和着拍子拍手，真假声交替演唱，学生很快就把这首乐曲分析理解了，效果非常好！

结合学生的年龄特点和我的音乐教学风格，我适当地降低了难度，运用了更多体态、肢体语言和表情的变化来对学生记忆歌词进行感官上的有效刺激，学唱部分刻意用了比较固定的动作和表情作为提示，以便学生形成固定记忆。学唱过程中有意选择用教师体态上的高低变化给予学生有关音高和音低的教学暗示，以解决教学中旋律上的问题。考虑到歌唱活动本身反复练唱的枯燥性，我将学生的练唱过程变换成对唱游戏，不管是学生和学生还是学生和老师，都是对歌曲本身的练唱，都为学生尽快掌握该活动的重难点提供了试练的机会。学生练习时，伴奏老师始终给予曲调的提示，是为了让学生的每一次练习都能在曲调上有清晰准确的指引。

人音版音乐四年级上册 第3课

《打字机》教学设计

东莞市茶山镇第二小学　吴静盈

【教学理念】

《义务教育音乐课程标准（2011年版）》明确指出："感受与欣赏是音乐学习的重要领域，是整个音乐学习活动的基础，是培养学生音乐审美能力的有效途径。良好的音乐感受能力与欣赏能力的形成，对于学生丰富情感、提高文化素养、增进身心健康具有重要意义。"本课以"打字机"为主题，从听觉入手，运用知识可视化学习资料，初步认识打字机，激发学生探索音乐的兴趣，鼓励学生对所听音乐表达独立的感受和见解，养成聆听音乐的习惯，引导学生运用身体律动和随身物品为歌曲伴奏，体验音乐带来的乐趣。

【教学目标】

1. 情感态度与价值观

通过对《打字机》的学习，提高学生的音乐素养和对美的感受力，同时培养学生善于发现、积极尝试的生活态度。

2. 过程与方法

综合运用图谱可视法、打击乐伴奏法、律动参与法等欣赏教学方法，加强学生对音乐形象、结构的感受和体验，进一步体会音乐要素对塑造音乐形象的作用。

3. 知识与技能

通过聆听找出打字机的三种特殊声音，并找出规律，配合律动等形式表现音乐。

【教学分析】

《打字机》是美国作曲家、指挥家安德森在办公室打字的时候，听到打字机发出“哒哒哒”的击键声及换行的“叮”声，从而促发了他创作的灵感，以打字机作为打击乐器，写下了这首名为《打字机》的管弦乐曲。

乐曲为三段体（ABA）结构，速度甚快。由A段主题旋律不断做下行模进，均匀连续的八分音符用顿音奏出，灵活轻快。伴奏声部的打字机则随音乐节奏发出急遽的击键声，连续三小节后在第4小节重拍上出现满行预告铃声，继一个四分休止符，再响起倒回机头的“咔嚓”声。B段转为C大调，节奏放宽，并频频使用强拍上的休止，与A段音乐的热烈气氛有所对比。但打字机急促的击键声、铃声、倒机声仍不绝于耳，使人感受到工作中的人们紧张忙碌的情景以及娴熟自如地操作打字机时的得意神态。乐曲最后再现A段而告结束。

【教学重点】

能听出节奏、速度、力度等音乐要素的变化，感知乐曲的情绪。

【教学难点】

能找到打字机的特殊声音并找出规律，配合律动等形式表现音乐。

【教学课时】

1课时。

【教学准备】

多媒体课件、教学音频、键盘、拍摄设备、杯子、勺子。

【教学过程】

教学环节	教师活动	学生活动（课件和微课截图）	设计意图
课前导学	认识打字机：打击乐器千千万，今天老师带你看。听，这是什么声音？ 没错，这就是有着“文字钢琴”之称的打字机。老式的英文打字机是一种手动的机械，能迅速打出英文，比以前用手写要快很多，现在打字机被电脑代替了，同学们很少见到，但在电脑未诞生之前，打字机的作用可大了。		初步探索打字机里的打字音效，认识打字机，激发学生对乐曲的兴趣，为接下来的课堂教学做铺垫。
课中探究	1.全曲聆听。 （1）欣赏乐队表演《打字机》。 （2）乐曲中打字机的特殊声响：打字机击键声、打字机铃声、换行时的倒机声。 （3）介绍《打字机》的创作背景。	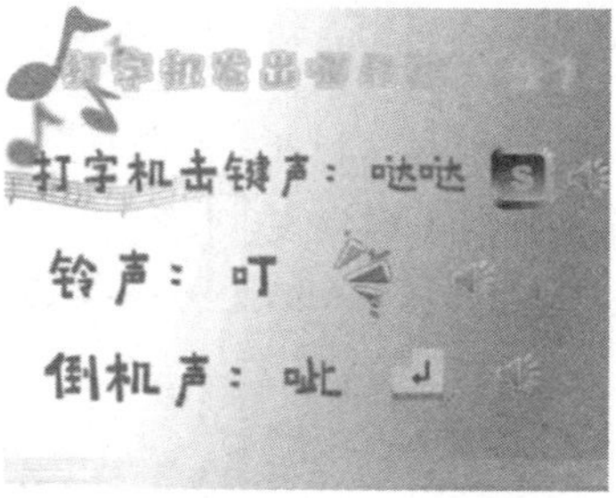	1.了解打字机的创作背景，欣赏《打字机》的现场演奏，使学生更好地理解、感受作品氛围。

续 表

<table>
<tr><th>教学环节</th><th>教师活动</th><th>学生活动
（课件和微课截图）</th><th>设计意图</th></tr>
<tr><td>课中探究</td><td>2.分段聆听。
（1）第一部分（A）：速度较快，力度无明显变化，旋律起伏也不大，情绪紧张而又热烈，生动地描绘了美国办公大楼里工作忙碌的场景。（出示图形谱和结构对比图）我们一起来哼唱一下这段音乐的旋律吧！
（2）第二部分（B）：速度比较舒缓，力度有强弱对比，旋律高低起伏，情绪较为轻松舒缓，办公室里忙里偷闲的画面仿佛就在我们面前。（出示图形谱和结构对比图）忙碌了一上午，休息的时候都会有什么动作呢？我们跟着音乐一起来表现一下吧。（身体律动）
（3）第三部分（A）：跟第一部分特别相似，速度、力度、情绪等音乐要素都一样，在这忙碌的气氛中，办公楼的一天结束了。（出示图形谱和结构对比图）仔细聆听分析，我们不难发现《打字机》三个乐段为ABA结构。</td><td>
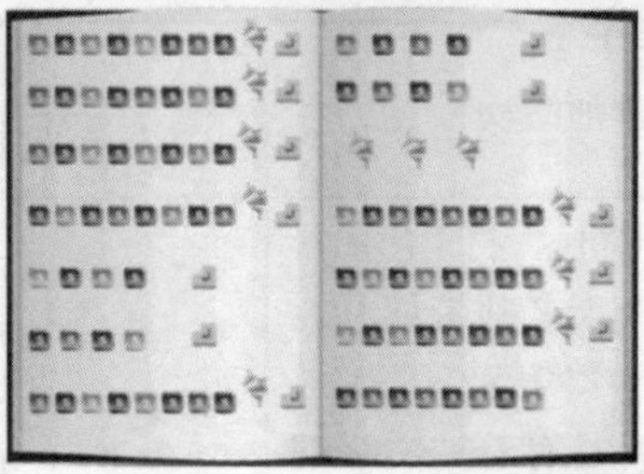
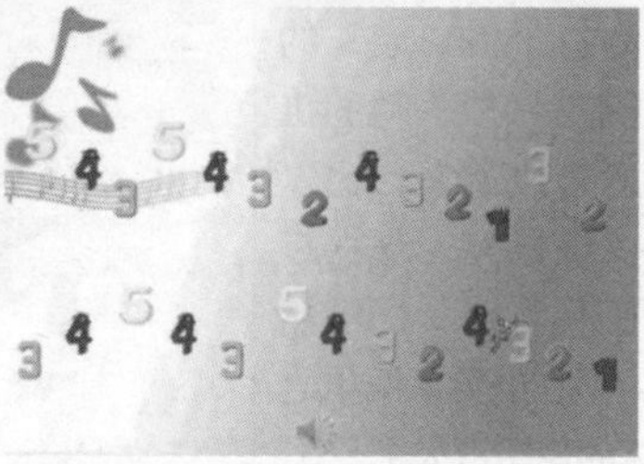
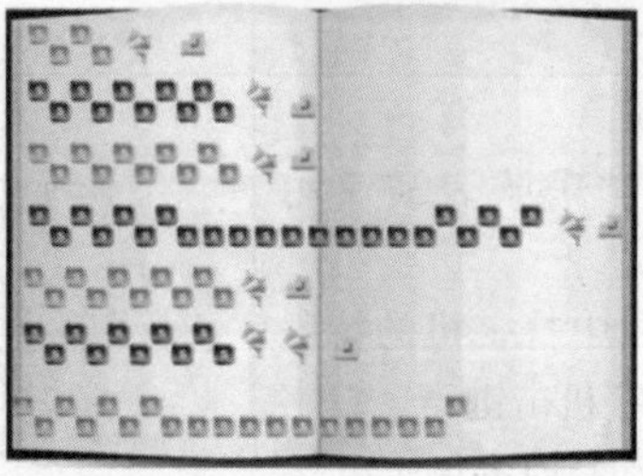
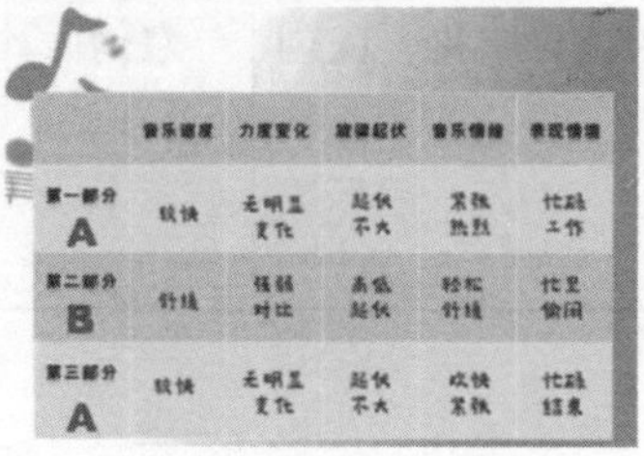<table><tr><th></th><th>音乐速度</th><th>力度变化</th><th>旋律起伏</th><th>音乐情绪</th><th>表现情境</th></tr><tr><td>第一部分
A</td><td>较快</td><td>无明显变化</td><td>起伏不大</td><td>紧张热烈</td><td>忙碌工作</td></tr><tr><td>第二部分
B</td><td>舒缓</td><td>强弱对比</td><td>高低起伏</td><td>轻松舒缓</td><td>忙里偷闲</td></tr><tr><td>第三部分
A</td><td>较快</td><td>无明显变化</td><td>起伏不大</td><td>欢快紧张</td><td>忙碌结束</td></tr></table></td><td>2.通过分段对比聆听，分析乐曲中的音乐情绪、速度、力度、旋律起伏，引导学生想象音乐所表达的情境。
3.通过模唱、图形谱、身体律动等方式熟悉主题旋律，感受音乐情绪，区分音乐形象。</td></tr>
</table>

续表

教学环节	教师活动	学生活动（课件和微课截图）	设计意图
课后拓展	1.跟着老师一起找找身边合适的物品来给这首乐曲伴奏吧，看看老师都找到了什么？（键盘、杯子、勺子） 2.同学们，今天的欣赏就到这里了，我们下回再见吧！		通过寻找身边的物品为乐曲伴奏，让学生学会用发现的眼光去创造音乐，同时能熟悉乐曲旋律，一举两得。

【教学反思】

《打字机》是人音版四年级上册第3课的欣赏曲目，旋律欢快、活泼、诙谐，用“打字机”作为打击乐器加入乐曲中，有别于以往欣赏的乐曲，学生对此非常感兴趣，听到音乐纷纷模仿起办公楼里打字忙碌的样子。

本节课我巧妙地激起学生学习的热情，把兴趣变为最好的老师，让学生自主地参与到音乐活动中。先认识打字机，找到打字机的特殊声音，通过图形谱发现规律，再用身体律动把音乐表现出来，利用结构对比图给乐曲划分乐段，感受乐曲所描画的音乐形象，最后鼓励学生用善于发现的眼睛，利用身边的一切物品，大胆尝试为歌曲伴奏。教学环节层层递进，教学过程轻松愉悦，让学生觉得学习可以如此快乐。

本节课也存在一些不足，比如在哼唱旋律的时候由于速度较快，唱谱困难，可以让学生为旋律编创歌词，这样既能激发学生的创新能力，又能熟悉旋律，也应该多在课堂上鼓励学生善于发现、积极参与音乐活动。

人音版音乐二年级上册 第3课

《青蛙音乐会》教学设计

东莞市茶山镇中心小学 张趁丽

【教学理念】

《义务教育音乐课程标准（实验稿）》指出："以音乐审美为核心，以兴趣爱好为动力。""音乐课应充分发挥音乐艺术特有的魅力，在不同的教学阶段，要根据学生的身心发展规律和审美心理特征，以丰富多彩的教学内容和生动活泼的教学形式，激发和培养学生的学习兴趣。"通过利用儿童自然的嗓音、灵巧的形体和丰富的想象力，采用歌、舞、图片、游戏等相结合的综合手段，进行直观教学。最大限度地调动学生主动学习音乐的积极性和参与性，培养孩子对音乐的兴趣。"音乐是听觉的艺术，学生主要通过听觉活动感受与体验音乐"，音乐学习的独特性决定了音乐课堂教学形式和方法的特殊性，要想获得高效的音乐课堂，体验式教学显然是有效的教学方法之一。本课从聆听导入，为学生搭建了一个发展听觉、引导编创、体验音乐的平台，采用聆听、模仿、对比、律动等教学手段，通过节拍体验→歌曲体验→对比体验→角色体验等引导学生体验、感受音乐，表现歌曲音乐风格，并将发展学生的音乐听觉贯穿于音乐教学的始终。

【教学目标】

1. 情感态度与价值观

通过学习歌曲《青蛙音乐会》，感受乐曲活泼、欢快的风格，并展开丰富的想象，模仿表达生动鲜明的小青蛙音乐形象，提升学生的文化理解核心素养。

2. 过程与方法

通过听辨、模仿、体验、体态、合作、打击乐伴奏和对比等学习方法的运用，使学生在活动中感受歌曲《青蛙音乐会》的平稳节奏。旋律多采取重复、弹性加抒情的结合体，通过选择歌唱、体态的体验加深理解，提升学生的艺术表现核心素养。

3. 知识与技能

学唱《青蛙音乐会》这首歌，并学习能用弹性且抒情的声音，模仿、表现青蛙的叫声和舒缓的慢板，用神气的声音表现自信。引导学生用连音、断音演唱歌曲并有表情地演唱，提升学生的审美感知核心素养。

【教学分析】

《青蛙音乐会》是一首趣味性较强的管弦乐曲，乐曲为3/4拍，单二部曲式结构。乐曲情绪对比强烈，既有欢快的开头和结尾，也有抒情、优美的“月夜之歌”和“月夜之舞”，弹性与抒情性巧妙地结合在一起。《青蛙音乐会》是一首充满趣味性的通俗音乐作品，蛙鸣声随着乐声响起，好像夏季池塘边的青蛙在暮色中开始合唱。乐曲的开头用琶音的旋律，力度渐强，情绪欢快，把人一下子带到了音乐会的现场，然后是一段抒情的慢板，好像青蛙的优美舞蹈伴着起伏的旋律。乐曲完整再现，蛙鸣声、流水声在乐声中减弱，最终消失在暮色中。

二年级学生在这个阶段以形象思维为主，模仿能力很强，而且歌曲相对比较简单，通过对“小青蛙”的声音和“萤火虫”动作的模仿，去吸引学生的注意力。用旋律线、歌唱和律动让学生对“青蛙音乐会”上的情景更加深刻。以“小青蛙”的设题为导线，更好地理解乐曲意境和乐曲背后的文化内涵。

【教学重点】

聆听《青蛙音乐会》，感受音乐所表达的生动鲜明的青蛙形象，感受大自然的美。

【教学难点】

通过各种艺术手段进行音乐创作及表演。

【教学课时】

1课时。

【教学准备】

多媒体设备、教学课件、钢琴、蛙鸣器、鼓等。

【教学过程】

教学环节	教师活动	学生活动	设计意图
激趣聆听	激趣起步，熟悉音乐形象。 师：同学们，大家好，欢迎大家来到张老师的音乐课堂。今天的音乐课要带上你灵敏的小耳朵和身体。老师给大家带了一位特殊的朋友，听一听它是谁？ （画面和音频播发青蛙的叫声）	学生聆听、观看教师讲述。	通过聆听分辨才能揭开这位特殊朋友的面纱，激发学生的好奇心，一开始就抓住了学生的兴趣与注意力，从而拉近学生与教师之间、学生与教材之间的距离，为更好地进入本课教学做好铺垫。
感受蛙声	练习青蛙的叫声，注意口形。 听声：模仿青蛙“呱”的叫声。 师：大家都听出来了，是谁啊？那你能模仿小青蛙的叫声吗？（呱） 生：呱。 再练青蛙“呱”的口形。 嘴角上扬，嘴巴打开，声音轻轻地再来一次？ 生：呱。 （教师在模仿的同时，用手势和表情表示出断音唱法）	学生跟着教师一起模仿青蛙的声音。	模仿青蛙叫声，学习歌曲中的节奏。通过课件中字体的大小及教师的示范感受节奏中的强弱拍与音色的分辨，使学生模仿后熟悉节奏。为后续的学习打好基础。

续 表

教学环节	教师活动	学生活动	设计意图
体验节拍	体验三拍子的强弱规律。 （1）3/4。 × × ×| × × × | × × × | × × ×‖ 呱呱呱　呱呱呱　呱呱呱　呱呱呱 师：你再来听听这次是怎样唱的。 生：第一个音强点，后面两个音弱点。 师：不错，那你们在蛙鸣器的伴奏下也来试试看? （师引导学生仔细听辨，可以边听边用手指尝试一下） （2）学唱小青蛙的歌，注意强弱。 （3）3/4。 ○ × ×| × × × | ○ × × | × × ×‖ 嗯呱呱　呱呱呱　嗯呱呱　呱呱呱 师：下面难度升级，老师想和你们合作，用鼓代替第一个强音，后面的弱音你们来唱唱? 生：呱呱 呱呱呱 呱呱 呱呱呱 师：可以哟，在鼓声的伴奏下你们再完整地来一次吧。 （教师带领学生合作练习，敲鼓代替第一个强拍，学生唱弱拍表示出节奏中的强弱拍）	1.老师引导学生尝试唱好连续的三个“呱”，体验节拍及巩固三拍子的强弱规律，再用声音3/4表示出强弱规律。 2.学生跟着蛙鸣器用声音表现和体验节奏中的强弱规律。 3.学生唱3/4拍的两个弱拍体验强弱规律，初步体验乐曲中小青蛙两种不同的歌声。 4.听鼓的强音，学生唱两个弱音，体会辨别“嗯呱呱”和“呱呱呱”的不同唱法。	1.循序渐进、从易到难地进行节拍听辨，在前几课的基础上，通过用动作、蛙鸣器和鼓的辅助方式，从视觉到动觉，对比感受“强弱弱”和“空弱弱”表现的不同特点，在听辨音乐的过程中获得愉悦的感受与实践，并通过打击乐器的运用增强对音乐的理解能力。 2.使学生熟悉乐曲的旋律，为学生学习打下基础。 3.师生合作，通过打击乐器辅助这种方式来学习，既让学生体会辨别青蛙不同的歌唱方法，又让他们对乐曲更加感兴趣。

续 表

<table>
<tr><th>教学环节</th><th colspan="2">教师活动</th><th>学生活动</th><th>设计意图</th></tr>
<tr><td rowspan="3">小蛙出场 指导歌唱</td><td colspan="4">（一）A1段音乐：“小蛙”出场，指导青蛙之歌</td></tr>
<tr><td>听一听</td><td>师：听说在一个美丽的池塘边，青蛙合唱团今晚要举行音乐会，我们赶紧去听听它们的歌声吧。（师抛出场景引导学生专心聆听）
（布偶）小蛙出场：欢迎大家来到青蛙合唱团的音乐会现场，我叫小蛙，请你仔细听听我们唱“× × ×”节奏在音乐中出现几次？每次的音量一样吗？
（以“小蛙”作为导线，师静静地坐到学生中间，一起欣赏聆听）
小蛙：你们听出来了吗？我看到有些同学用边听边数手指的方法，是几次呢？
生：是8次。</td><td>生安静聆听观看小蛙的视频。同时用自己的方法数一数“× × ×”节奏在音乐中出现几次？每次的音量一样吗？用模拟青蛙叫声感受主题一。</td><td>抛出“青蛙合唱团”团员“小蛙”学生喜爱的卡通人物作为导线，引导学生通过聆听、观看、思考、用自己喜欢的方式体验音乐，激发孩子们的学习兴趣。</td></tr>
<tr><td>思一思</td><td>（师引导学生用其他方法聆听思考）
小蛙：在音量上有什么变化呢?
生：声音越来越大。
小蛙：在音乐中我们形容音量大小用“力度”这个词，力度有强弱的变化，刚才我们的叫声在力度上是从什么到什么?
生：先弱再强。</td><td>学生用自己的声音诠释力度由弱到强，体会和表现青蛙们愉快的心情。</td><td>合唱团员小蛙的讲解，图文并茂，学生用喜欢的方式去感受力度的变化，深切体会青蛙们愉快的心情，为他们的演唱打下基础。</td></tr>
</table>

续表

教学环节		教师活动	学生活动	设计意图
小蛙出场 指导歌唱	唱一唱	小蛙：我们要举行音乐会，心里可开心啦,所以叫声越来越大。请大家带着快乐的心情加入我们的歌声一起唱一唱吧，请准备。（师引导学生体会心情，快乐地演唱）	用自己喜欢的方式演唱，感受乐曲意境。	在前面的一系列铺垫中进行演唱，提升演唱技能。
	比一比	对比聆听A2部分、A3部分感受渐强变化。 师：这只小青蛙有点爱忘事,请你们帮它仔细听听小青蛙一共要出场几次？每次出场歌声都有什么变化？把你听到的用自己喜欢的方式表达出来。 生：我觉得小青蛙一共出场3次。 生：我觉得第一次是弱，第二次比较强，第三次又由强到弱。 师：给自己一点掌声吧。 （师引导学生用对比的方式聆听乐段的变化，想象音乐表达的意境，并让学生大胆展示自己，建立自信）	表达出自己听到的A2部分、A3部分，感受渐强变化。	1.聆听全曲，分辨出第一主题，并对比每次出现的不同变化，进一步熟悉旋律。 2.通过对比聆听，让学生体会和想象音乐会上的情景。
小萤飞舞 创编律动	（二）B1段音乐：飞舞画旋律线，萤火虫唱愿望			
	画一画	生：萤火虫也想参加音乐会。 师：让我们再来唱一唱，帮忙把它的心愿告诉青蛙合唱团吧！注意唱“啦”时，舌头有弹力地跳起来，带上萤火虫精灵期待的心情和表情，再来试试吧！	1.学生聆听B1段音乐，想想还有哪些小动物呢？	1.让学生聆听乐曲，展开想象。

续表

教学环节		教师活动	学生活动	设计意图
小萤飞舞 创编律动	画一画	活动一：手指飞舞 1.都有谁? 师：除了小青蛙，音乐会上还来了哪些小动物呢？一起来听听看？（指导学生听音乐想象画面） 2.飞舞画旋律线。 师：你脑海中出现了哪些小动物呢？有蝴蝶、蜻蜓，还有黑暗精灵——萤火虫。请你伸出手指跟着它们的路线飞舞起来吧。 师：它们扇动着美丽的翅膀轻轻飞舞，使这段旋律跟上段旋律相比变得优美、舒缓。 （师指导学生边跟随音乐画旋律线，边感知音乐旋律的不同）	2.学生聆听B1段音乐，跟随昆虫们飞舞的路线画旋律线，通过断音与连音对比，感受旋律的优美与舒缓。	2.培养学生聆听音乐的习惯，用画旋律线的方式，让学生体会乐曲不同的表现方式造就的不同的音乐情绪。
	唱一唱	活动二：大声歌唱 师：对了，萤火虫有个小小的请求，请你帮它唱出来吧。（跟音乐唱词） 师：你听出来是什么请求了吗?	学生跟随B1段音乐唱歌词，唱出萤火虫的心愿。用断音唱法唱好“啦”，并且学会有表情地演唱。	创设不同的小动物用它们特别的方式加入音乐会，通过唱编创的歌词以及断音唱法体会并表现音乐，为后面的学习做铺垫，激发学生积极参与。
	（三）C1段音乐：萤火虫之舞			
	舞一舞	师：在大家的帮助下，青蛙合唱团知道了萤火虫的心愿。决定邀请萤火虫来为它们伴舞。萤火虫可激动了。让我们带着这样的心情一起来跳一跳吧！	带着激动的心情和表情，学生随C1段音乐舞蹈。	通过带表情的体态律动和与人合作来体验歌曲的表现意境，从而有力地促进学生的音乐审美的形成与发展。

续表

教学环节	教师活动	学生活动	设计意图
小萤飞舞　创编律动	舞一舞：（播放C1段音乐，学生自愿合作并随视频音乐表演） 师：多舒展的动作，让我们感受到这段音乐是—— 生：优美的。 （师带领学生随音乐轻轻舞蹈，体会三拍子舞步）		
	（四）完整聆听，了解乐曲结构		
	师：小青蛙3次出场，2次萤火虫飞舞歌唱表达愿望，2次萤火虫伴舞就构成了这首著名的管弦乐曲——《青蛙音乐会》。 （师播放图片帮助学生了解乐曲结构）	学生随图片在心中梳理乐曲结构，初步感知了解单二部曲结构。	学生对乐曲结构的概念是需要逐步培养的，通过“排排队”的方式，再扶学生一把，以培养学生对音乐的敏感性，同时进一步了解乐曲。
	（五）完整聆听全曲，表现音乐		
	师：同学们，现在是音乐会最后一首歌曲，让我们一起跟着音乐来表现这首《青蛙音乐会》吧！	学生按照自己喜欢的方式总结表现歌曲的不同乐段。	
课堂总结拓展	师：夜深了，青蛙音乐会即将结束，也到了同学们和小青蛙们以及所有的好朋友说再见的时候。回家后请你听着音乐，给家人讲讲青蛙音乐会上的情景。大自然是这么的神奇和美丽。对了，偷偷地告诉大家，森林里还会举办一场盛大的音乐会，你们猜一猜还有哪些动物会用自己特殊的方式来加入大自然音乐会呢？	学生谈收获和体会，回家后完成延伸练习。	1.歌曲进行延伸，检测本节课教学目标的完成情况。 2.激发孩子们对大自然的热爱，同时利用发现美的眼睛探索身边大自然的声音，鼓励孩子们大胆想象、大胆探索、大胆编创。

【教学反思】

本课结合二年级学生好奇、好动、好玩的年龄特点，创设情境，设低门槛，让学生边玩边欣赏乐曲，使多种教学形式、手段与扎实的乐曲教学巧妙结合，让学生在玩中不知不觉地体验、感知、表现他们对音乐的认知，大大地激发了他们对音乐的兴趣和探知欲望以及获得成功的满足感。

1. 有趣的音乐课、有趣的乐曲

音乐要素的体验、探究、理解和表现是音乐学习的重要内容。本课教学中，通过听辨蛙声，模拟蛙声学习节奏，感受三拍子中的强弱规律，之后打击乐器蛙鸣器和鼓加入，用不同的方式体会青蛙不同的叫声，反复夯实学生对三拍子强弱规律的认知，为后续的学习打下基础。既让学生达到目标，又觉得练习一个蛙叫都这么有趣，那么接下来会更值得期待。通过对“呱”和“啦”咬字发音口形的学习，让学生掌握断音唱法，轻声唱法为后续对比连音唱法，体会乐曲的意境和理解音乐会上的情景埋下伏笔。让学生感受音色、速度、音高等音乐要素，通过模仿小青蛙歌唱、昆虫飞舞路线、萤火虫之舞，感受旋律的走向及力度的变化，使音乐要素的习得变得更加自然，为后续的教学埋下伏笔。

2. 有效的音乐课，高效的欣赏

正所谓“跳一跳，摘果子”。对于低年级的学生学习管弦乐曲，一不小心就成了老师讲得天花乱坠，学生一脸懵懂。设低门槛，让学生摸得到、够得着。例如，在小青蛙“呱”的教学中，先听辨，练单个音，在唱好三个音的基础上，体验唱出强弱，在这些都就绪后，再加入“○××”的蛙叫声，乃至后面A1段青蛙的歌声的演唱，学生轻松跨越，水到渠成。每个乐段的学习没有一次是相同的，其中，B1乐段或出示影像，或画旋律线唱，或加入歌词演唱，这些学生喜爱的形式，在提高歌唱兴趣的同时使乐曲的欣赏教学更加扎实。

卡通形象“小蛙”及其同伴们的引入，使课堂气氛更活跃了，这种让学生“跳一跳，摘果子”的目标，对提高学生的音乐技能是很有帮助的。

一节好的音乐课在我看来不是运用多高超的技法、多花哨的环节，而是让孩子们觉得很有趣，全神贯注地聆听，全身心地参与，真实有效地合作，大胆编创，自信地讲述自己的收获和感想，等等。

一节有趣的课堂会变得更有效、更高效。在提高学生音乐技能的同时，激发学生对音乐的内在动力和兴趣，从而让音乐在课堂发生，在课下开花。

人音版音乐三年级下册第4课

《春》教学设计

东莞市企石镇东山小学　林秀丽

【教学理念】

感受与欣赏，是音乐学习的重要领域，是整个音乐学习活动的基础，是培养学生音乐审美能力的有效途径。《春》是意大利作曲家维瓦尔第的作品，乐曲以回旋曲式写成。主题生机勃勃，充满了欢快的春天气息，旋律鲜明，整首乐曲春意盎然。通过本课的学习能够培养学生热爱大自然、热爱生活的情感。了解曲式结构的知识，能用动作表现音乐。

课上教师力求给学生营造一种轻松愉悦的学习氛围，让学生在课堂上娱悦身心、感受美。教师运用现代化教学手段增强学生的学习兴趣，使学生通过聆听、感受、分析、创造等多种形式体验音乐的意境美，调动了学生对音乐学习的主观能动性，提升对音乐的审美感知核心素养、艺术表现核心素养以及文化理解核心素养。

【教学目标】

1. 情感态度与价值观

在音乐的欣赏中体验春天的美景，培养学生热爱大自然、热爱生活的情感。

2. 过程与方法

通过充分聆听，熟知主题旋律，从音乐的基本要素入手，充分展开想象，为音乐表现和创造能力的进一步表现奠定基础。

3. 知识与技能

感知旋律中的力度变化，简单了解回旋曲式结构，有效地促进学生音乐审美能力的形成与发展。

【教学分析】

维瓦尔第的小提琴协奏曲《春》，因旋律优美一直为人们所喜爱，整首乐曲由主部和四个副部构成，主题旋律生机勃勃，四个副部形象鲜明地描绘了春天的鸟、雷雨、溪水、雨后情景。贴近三年级学生的生活经验，好听易懂。

结合本课教学内容，根据音乐课程的审美性、人文性和实践性，确定“总—分—总”乐曲欣赏教学步骤，紧扣主题旋律的感知，以音乐要素把教学过程设计为一个趣味性强、富有吸引力的层层递进的音乐教学活动。课堂营造了亲切活泼的教学气氛，从情感上拉近了学生与课本内容的距离，整堂课中的音乐片段、现场演奏会的视频，都是音乐欣赏课的重要组成部分。

【教学重点】

能听辨乐曲的主题，从乐曲的欣赏中体验春天的美景，培养学生热爱大自然、热爱生活的情感。

【教学难点】

通过完整充分的聆听，熟知主题旋律，并能用动作和图形表现乐曲的曲式结构。

【教学课时】

1课时。

【教学准备】

多媒体、钢琴、课件。

【教学过程】

教学环节	教师活动	学生活动（课件和微课截图）	设计意图
导入阶段	畅想春天，整体感知，初赏乐曲。 （1）揭示课题。 （2）初听乐曲，整体感知。 ①听听乐曲是由什么乐器演奏的？ ②在你眼前出现了什么画面？	1.读课题。 2.认真聆听，仔细体会。 3.各抒己见，学生表达。	创设情境，让学生回想春天的美好，在憧憬中初赏乐曲，整体感知乐曲所表达的情绪。
展开阶段	掌握主题，欣赏乐曲。 （1）认识小提琴。 （2）简介作曲家。 （3）小提琴协奏曲的由来。 （4）初步了解乐曲《春》回旋曲式的结构。 （5）分段聆听主题A部分。 （6）聆听第一插部。 （7）聆听第二插部。 （8）聆听第三插部。 （9）聆听第四插部。	1.观赏视频，认识小提琴的结构和组成部分。 2.视听结合，充满好奇地聆听讲述。 3.边听边展开想象，尝试用身体语言描述乐曲所表达的事物。 4.根据乐曲的情绪说出感受，创编乐曲中的情景。	通过初步认识小提琴的结构和组成部分，提升学生对音乐的审美感知，从而为欣赏乐曲《春》奠定良好的学习氛围。 初步了解作曲家安东尼奥·维瓦尔第的生平事迹，以帮助学生更好地体验和欣赏乐曲《春》。 在教师的多重意境创设中，学生充分抒发自己的所想、所感、所悟。
拓展阶段	欣赏现场演奏版小提琴协奏曲《春》的视频。	完整欣赏乐曲，随音乐模仿演奏姿势或自由表演。	能大胆地表现乐曲，在音乐熏陶中感悟大自然的美妙乐章，提升学生的艺术表现核心素养。

续 表

教学环节	教师活动	学生活动（课件和微课截图）	设计意图
结束阶段	谈谈收获，分享心得，感悟升华。	谈收获。	现场版小提琴《春》的演奏，开阔了学生的音乐视野，巩固和增强了学生对乐曲《春》的深刻理解和感悟音乐之内涵与意境美。

【教学反思】

通过本课的音乐欣赏，能根据音乐课程的审美性、人文性和实践性，运用“总—分—总”乐曲欣赏教学步骤，紧扣主题旋律，以音乐要素富有吸引力的层层递进的音乐教学活动，创设亲切活泼的教学氛围。例如，聆听插部时，教师指导学生跟随音乐展开想象，自由创编各种肢体语言表达自己的所感所想，围绕“春天到音乐，音乐与春天相结合，最后又回到音乐”的过程。

方式多变，层层递进。音乐主题的学习是本课的教学重难点，教师通过信息化技术，将主题旋律单独呈现在学生面前，并围绕主题设计了由浅入深的学习方式，通过创设“听、唱、演、编”等活动，逐步引导学生掌握主题旋律。

人音版音乐六年级上册第6课

《四小天鹅舞曲》教学设计

东莞市企石镇东山小学　林秀丽

【教学理念】

《义务教育音乐课程标准（2011年版）》将音乐性质的实践性概括为：“音乐音响不具有语义的确定性和事物形态的具象性。”“课程基本理念”中明确指出：“兴趣是音乐学习的根本动力和终身喜爱音乐的必要前提。在教学中，要根据学生的身心发展规律，以丰富多彩的教学内容和生动活泼的教学形式，激发学生对音乐的兴趣。”“所有的音乐教学领域都应强调学生的艺术实践，将其作为学生走进音乐，引导学生参与演唱、演奏、聆听、综合性艺术表演和即兴编创等各项音乐活动。”在知识与技能中强调：“学习并掌握音乐基本表现要素、常见结构、体裁形式、风格流派和演唱、演奏、识谱、编创等基础知识。”

“音乐是听觉的艺术，学生主要通过听觉活动感受与体验音乐”，音乐学习的独特性决定了音乐课堂教学形式和方法的特殊性，要想获得高效的音乐课堂，体验式教学显然是有效的教学方法之一。本课从律动导入，为学生搭建了一个发展听觉、体验音乐的平台，采用聆听、律动、模仿、表现、探究和对比等教学手段，始终围绕乐曲的主旋律、意境、结构等音乐要素进行，引导学生在参与活动的过程中感受天鹅活泼可爱的形象，并从中获得体验美、感受美和表现美，进而推动教学目标的达成和艺术审美的愉悦。

【教学目标】

1. 情感态度与价值观

通过欣赏《四小天鹅舞曲》，感受音乐轻快活泼的情绪，理解音乐形象，提高学习音乐的兴趣。

2. 过程与方法

通过模仿、体验、表现和对比等学习方法的运用，使学生深入浅出地理解乐曲，提高音乐素养。

3. 知识与技能

了解乐曲《四小天鹅舞曲》的表现形式，作品的结构、意境，初步体会舞曲的特点。

【教学分析】

管弦乐《四小天鹅舞曲》是俄罗斯作曲家柴可夫斯基创作的经典芭蕾舞剧《天鹅湖》第二幕里的一段舞曲。作品完成于1876年，它描述了王子和公主互相表白后，四只小天鹅跳的一段欢乐舞蹈的伴奏音乐。此曲篇幅不大，它是#f小调4/4拍，中庸的快板，ABA′结构。开始时的曲调为八分音符的活泼跳跃的伴奏音型。一小节以后奏出A乐段轻快的乐句，栩栩如生地刻画出小天鹅天真可爱的形象。然后在高八度上进行重复，接着奏出B乐段的主旋律，这里强调了切分节奏的几个音，表示小天鹅步子还不稳健、活泼可爱。反复一次后再现A′乐段开始时的曲调，最后是一个短小的尾奏，它再次采用不平稳的节奏，显得十分有趣，乐曲在两个强音和弦上结束。

根据二年级学生活泼好动、爱模仿、以具象性思维为主的认知规律来设计教学活动。课堂以学生感兴趣的动画图片拉开序幕，充分调动了学生的学习兴趣，拓宽了学生的视野，活跃课堂气氛；接着以模仿节奏引出“天鹅”作为主题情境和主线，以学生为主体，以音乐审美为核心，教学活动环环相扣，让学生在看、听、奏、演的过程中感受音乐并表现音乐，体验音乐带来的快乐。

【教学重点】

感受音乐轻快活泼的情绪。

【教学难点】

能熟悉与表现《四小天鹅舞曲》，丰富音乐之情感。

【教学课时】

1课时。

【教学准备】

多媒体、钢琴。

【教学过程】

教学环节	教师活动	学生活动（课件和微课截图）	设计意图
前奏	激趣导入。 欣赏《四小天鹅舞曲》。	静静聆听老师演奏《四小天鹅舞曲》，说出乐曲带给自己的情绪和感受。	让学生对乐曲有个初步完整的音乐形象，体验舞曲的特点。
第一乐段	欣赏乐曲，获得感知。 （1）图形谱引入，初步认识全曲。 （2）第一部分A主题。 ①画旋律线。 ②体验手指舞。	仔细观察，随着音乐的进行，旋律线有了什么变化？ 思考：当音乐出现的时候发生了什么变化？ 观察：视频中用什么动作表示小天鹅跳跃？	抓住孩子们好动的心理特征，以生动有趣的图形谱展现，再次润物无声地感受与体验乐曲的情绪。 体验与感知小天鹅活泼可爱的音乐形象及音乐的跳跃性所带来的身心愉悦感。提升学生对音乐学习的审美感知核心素养。
第二乐段	（1）第二部分B主题。 ①对比聆听。 ②画“天鹅图形谱”。 ③尝试创编舞蹈。	对比聆听。 画“天鹅图形谱”。 尝试创编舞蹈。	通过对比聆听和画图形谱，激起学生的审美渴望，以美感人、以美育人，提升对音乐的审美能力。 通过动作演绎赏析小天鹅可爱的音乐形象，进一步体会舞曲的特点，并从中感受美、表现美。

续 表

教学环节	教师活动	学生活动（课件和微课截图）	设计意图
第三乐段	（2）作曲家简介，欣赏芭蕾舞剧《四小天鹅舞曲》。 （3）第三部分A'主题的再现。 （4）完整表现乐曲。 ①指尖舞。 ②画旋律线，创编舞蹈。 ③合作舞蹈。	很专注地投入欣赏。 欣赏第三部分A'主题的再现。 完整表现乐曲。 ①指尖舞。 ②画旋律线，创编舞蹈。 ③合作舞蹈。	充满好奇心地欣赏《四小天鹅舞曲》，激起学生的审美渴望，提升对音乐学习的审美感知能力。 通过对比与赏析，加深学生对乐曲主旋律的印象，提高学生对音乐的鉴赏能力。 回归主题既是对本课学习的一个反馈和检验，也是学生此时所积累的厚重的音乐情感，更是在环环相扣的音乐情感中“感受—理解—升华”过程之后的必然结果。因此，学生参与音乐体验的兴趣浓厚，并在表演中感受愉快的氛围和成功的喜悦。
变奏（拓展部分）	拓展延伸。 （1）欣赏管弦乐《四小天鹅舞曲》。 （2）认识与模仿乐器。	深入欣赏，简单了解大管、小提琴、长笛等不同的演奏形式，并说说感受。 模拟演奏，加深音乐印象，初步了解管弦乐。	拓展丰富，再次整体感受音乐，提升对音乐的感知力。 模拟演奏，隐性地深化了对《四小天鹅舞曲》作品的情感，把学生的审美情感推向高潮。
尾声（结束部分）	小结。 师：同学们表现太出色、太精彩了！今天我们走进了舞曲的音乐世界中，享受了《四小天鹅舞曲》的美好和快乐！让我们带上这份快乐与收获走出音乐课堂，和你的家人、朋友一起分享吧！同学们，再见！	在音乐中用小天鹅的舞蹈动作走出教室。	主题升华与延伸。前后贯穿，首尾呼应。师生富于激情的演绎和教师完整的结束语为这节课画上了圆满的句号。

【教学反思】

本课的重点是如何把以人为本的理念渗透在音乐教学中，根据不同层次学生的不同需要，将教学内容进行了多种比例的搭配组合，以生动活泼的教学手段帮助学生感受音乐、获得自信。课堂上，教师不是直白地“教”，而是智慧的引导者、平等的合作者；学生也不是沉闷地“学”，而是主动参与者、积极探究者、音乐的享受者。

在整个教学过程中，教师以一个合作伙伴的角色促进师生互动，增进师生情感。在生动活泼的音乐体验活动中引导学生参与音乐、实践音乐、体验音乐和表现音乐，进而感受到学习音乐的快乐，提升对音乐的感知力、表现力和创造力。

然而，教学有法，确无定法。这节课还有待我去思考和探索以下几点：音乐课堂应怎样才能把预设和生成有机结合，以学导教，引导生成的过程；如何在音乐课堂上加强学生之间配合的默契；用怎样的方式激发学生表现的欲望；促进学生艺术修养的逐步提高，形成自觉求知的良性循环。

人音版音乐五年级上册 第1课

《渔舟唱晚》教学设计

东莞市茶山镇第二小学　吴静盈

【教学理念】

《义务教育音乐课程标准（2011年版）》明确指出：“感受与欣赏是音乐学习的重要领域，是整个音乐学习活动的基础，是培养学生音乐审美能力的有效途径。良好的音乐感受能力与欣赏能力的形成，对于学生丰富情感、提高文化素养、增进身心健康具有重要意义。”本课以《渔舟唱晚》为主题，从听觉入手，运用知识可视化学习资料，初步认识古筝，激发学生探索民族音乐的兴趣，鼓励学生对所听音乐表达独立的感受和见解，养成聆听音乐的习惯，引导学生运用数字化工具体验演奏古筝的乐趣。

【教学目标】

1. 情感态度与价值观

聆听《渔舟唱晚》，感受古筝演奏的魅力，加深对民族乐器的认识，激发学生对民族音乐的热爱之情。

2. 过程与方法

综合运用图谱可视法、数字化工具体验法、律动参与法等欣赏教学方法，感受乐曲中的速度变化，感悟乐曲所表达的意境。

3. 知识与技能

通过历史起源、古筝构造、演奏技法、演奏风格，认识、了解我国的民族乐器——古筝。

【教学分析】

《渔舟唱晚》是近代古筝家娄树华在20世纪30年代中期，根据古辞《归去来兮辞》的素材加工改编而成的一首传统筝曲，表现了夕阳西下、湖面歌声四起，满怀丰收的喜悦的渔民，驾着片片白帆，纷纷而归的动人画面。第一部分用慢板奏出韵致悠扬而富于歌唱性的旋律，优美而舒缓，抒发了对湖滨晚景赞赏的情怀，人们仿佛置身于夕阳余晖尽染、碧波涟漪的湖面，沉浸在微风轻拂、渔舟缓缓而行的诗情画意之中；第二部分活跃欢快，通过下行旋律形象模仿了夕阳西下的情景；第三部分通过复式递升递降的旋律发展手法使旋律线循环往复、跌宕起伏，表现了渔船破浪疾驰的场面，音乐进入反复后，力度增强，速度更快，宛如渔舟飞快地扬帆前进，流水声、渔歌声交织在一起，表现了百舟竞归的情景和一派欢畅热烈的气氛。

【教学重点】

认识我国的民族乐器——古筝。

【教学难点】

通过聆听乐曲，大胆地表达自己独立的感受和见解。

【教学课时】

1课时。

【教学准备】

多媒体课件、平板电脑、古筝、钢琴。

【教学过程】

教学环节	教师活动	学生活动（课件和微课截图）	设计意图
课前导学	1.教师用古筝演奏《渔舟唱晚》片段，感受古筝的音色特点。 2.从历史起源、基本构造、演奏技法、演奏风格四个方面认识我国古老的民族乐器——古筝。		初听古筝，感受古筝的音色特点，认识古筝，激发学生对古筝的兴趣。
课中探究	1.聆听第一乐段。 优美典雅的曲调、舒缓的节奏，描绘出一幅夕阳映照万顷碧波的画面。这就是第一乐段“唱赏夕阳”，也是《渔舟唱晚》的主题旋律。你们有发现特殊的音乐记号吗？这些箭头叫上滑音，是古筝的一种特殊技法，从一个低音滑向另一个高音，发出一些婉转的声音，我们一起来听一听。（教师模仿）加入了上滑音，主题旋律听起来就更加委婉动人了，我们一起来感受一下吧！		通过图形谱以及教师的精彩演奏，让学生能够身临其境，从而更好地理解音乐形象。

续 表

教学环节	教师活动	学生活动（课件和微课截图）	设计意图
课中探究	2.聆听第二乐段。 第二乐段明显比第一乐段的速度更快了，我们来仔细观察第二乐段的旋律片段，找出每小节的第一个音。（把3 2 1 6 5 3写在图形谱上）我们发现旋律从高音往低音方向走，这种旋律称为下行旋律。随着第二乐段的下行旋律，就像晚霞中缓缓落下的夕阳，乐曲的速度变快，渔民也满载而归，乐曲情绪也变得欢快起来。这就是第二乐段“夕阳西下”渔民回家的时候，那乐曲又有怎样的变化呢？	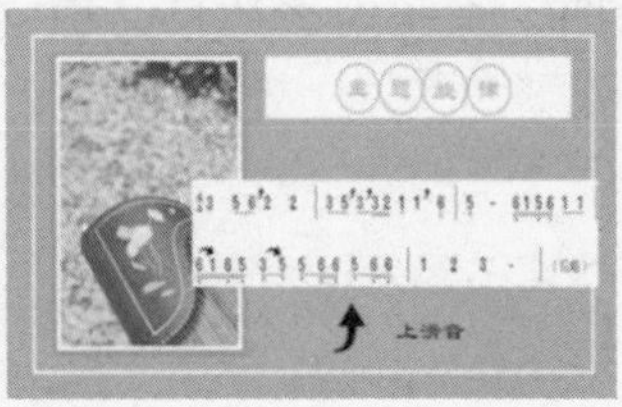 	通过模唱来熟悉主题旋律，感知乐曲情绪，细细体会古筝中的“柔美”。
	3.聆听第三乐段。 第三乐段由慢变快，再由快变慢。就像渔民怀着激动的心情加快划船的速度，最后在安静中结束了一天，湖面又回归平静。这就是第三乐段“归家心切”，而我们聪明的演奏家通过一种特殊的古筝技法来模拟船桨划水的声音，这个技法叫花指，用大拇指连续划过数条琴弦演奏出来的，其余四根手指都自然弯曲，就像一个睡着的“点赞”手势。		通过对下行旋律的了解，更好地感受乐曲中“夕阳西下”的场景。

续 表

教学环节	教师活动	学生活动（课件和微课截图）	设计意图
课后延伸	1.大家可以在手机或者平板电脑上搜索下载一个叫“古筝”的App，跟老师一起来感受花指的声音。乐曲中流水的声音就是用花指演奏的，现在我们一起来合奏《渔舟唱晚》的片段，感受渔民回家的心情，要注意速度的变化。渔民辛苦劳动了一天，伴着美好的夕阳，终于到家了。 2.我们一起欣赏由古筝和琵琶合奏的《渔舟唱晚》吧！ 3.古筝是我国古老的民族乐器，简单易学、音色优美，《渔舟唱晚》更是古筝中的经典。通过今天的欣赏，我们对民族乐器和民族音乐都有了更深的认识，希望同学们能通过网络了解更多的民族乐器、民族音乐。民族音乐是中华文化的一部分，只有我们都重视它，它才能走向世界，与世界融为一体。今天的欣赏到这里就结束了，我们下次再见吧！	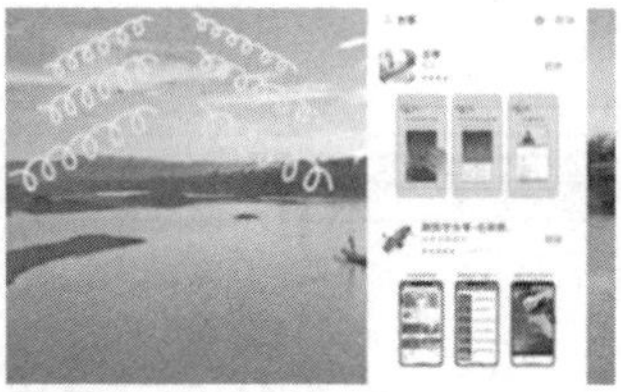  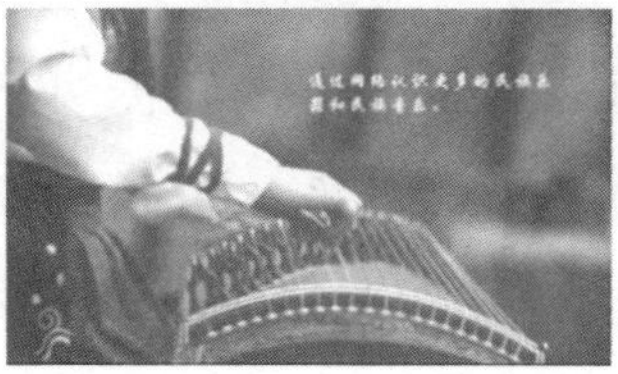	通过数字化工具体验法，既让每位学生都能秒变“演奏家”，又能切身感受到乐曲中速度的变化带来的不一样的情绪。 通过古筝和琵琶合奏的《渔舟唱晚》，感受民族乐器的多元化。

【教学反思】

《渔舟唱晚》是一首古筝独奏曲，它的标题选自唐代诗人王勃《滕王阁序》中的“渔舟唱晚，响穹彭蠡之滨”。乐曲的意境优美，好像是一幅水墨画，表现了夕阳西下，落日的余晖映照在波光粼粼的湖面上，飘来阵阵欢快的渔歌声，歌声由远而近，又由近至远。

通过本节课，其目的是让学生通过这首乐曲了解中国古典音乐的魅力，同时认识古筝，明确古筝的一些基本演奏技法。

在实际教学中本是融认识、技法于乐曲教学之中，但是为了配合微课制作的需要，先介绍古筝的一些基础知识，这也是因地制宜、因势利导了。

人音版音乐四年级下册 第1课

《小步舞曲》教学设计

东莞市横沥镇中心小学　陈秋敏

【教学理念】

“关注学生的学习兴趣，强调形成积极主动的学习态度，倡导学生主动参与、乐于探究”是新课标强调的教学理念之一。因此，在教学设计中以“主体、创新”为主题，面向全体学生，以音乐审美为核心，从学生的兴趣爱好入手，将教学重点和教学难点设计成学生感兴趣的活动，使学生在生动活泼的课堂氛围中愉快地接受新知识，学生通过聆听、感受、体验、发现、创造、表现等多种方式来学习音乐、理解音乐，培养了学生的合作意识，提高了学生的创作能力和音乐实践能力、文化素养和人文素养。

【教学目标】

1. 情感态度与价值观

通过欣赏乐曲，体验小步舞曲温文尔雅的三拍子节奏，感知主题所表现的情绪与意境，感受17世纪法国宫廷的舞蹈音乐。

2. 过程与方法

学会用自主学习、体验与合作学习等方式，在听、唱、奏、演等多种实践活动中初步认识小步舞曲这一体裁及其音乐风格特点。

3. 知识与技能

初步了解作曲家巴赫及小步舞曲的简单知识。

【教学分析】

1. 教材分析

这首《小步舞曲》为二段体结构，第一段旋律以级进与跳进交替、连音与顿音相间，十分生动活泼；第二段与第一段没有太多对比，只是音区提高，力度增强，情绪更加明朗。巴赫的这首《小步舞曲》虽然简单，但由于曲调动听，不少乐队把它编成管弦乐或轻音乐演奏，还被填上歌词演唱，成为巴赫最通俗的名曲之一。

2. 学情分析

四年级学生已具备一定的音乐感知力，在音乐表现方面，如歌唱、律动、使用打击乐器方面也有一定的基础。因此，本课设计多处采用综合性音乐表现方法，积极调动学生的学习积极性，使他们能够自信、有表情地参与表演活动，并能对自己或他人的表演进行简单、有效的评价。

【教学重点】

通过欣赏乐曲，感受并体验小步舞曲温文尔雅的三拍子节奏。

【教学难点】

通过欣赏乐曲，能用歌唱、声势、打击乐伴奏、舞蹈等方式表现乐曲。

【教学课时】

1课时。

【教学准备】

1. 在教学过程中，为支持教师的教，我以PowerPoint为课件，增强直观性。

2. 为了让学生更直观地认识钢琴，课堂现场演奏《小步舞曲》，大大提高了学生的兴趣，增强了学习的自主性与实效性，也让学生体验到了钢琴的艺术魅力。

3. 课前请个别学生做好小步舞的视频，让学生教学生，充分体现学生的主体地位。

【教学过程】

教学环节	教师活动	学生活动 （课件和微课截图）	设计意图
导入	谈话：同学们好，欢迎来到陈老师的音乐课堂。今天，老师将带领同学们到欧洲古典时期漂亮壮观的宫殿里面去。	学生聆听。	通过谈话自然引导学生观看小步舞视频。
初听音乐	播放小步舞音视频并介绍。 在这个宫殿里面流传着一种优美高雅的舞蹈，叫作小步舞。因其步伐小巧而得名，小步舞是欧洲贵族为了交流和在奢华聚会时而跳的舞蹈，很多欧洲音乐家都为小步舞谱写了小步舞曲。那么，今天我们将一起来欣赏由巴赫创作的小步舞曲。	学生聆听、观看视频并初步了解小步舞。 	通过观看视频和教师的介绍，初步聆听音乐和了解小步舞，让学生感知音乐风格及舞步特点。
	介绍曲作者：  	了解曲作者巴赫。	
	教师范奏：下面请同学们听老师用钢琴演奏一遍这首《小步舞曲》，并说说这首曲子给你带来了怎样的感受。	学生说出乐曲特点：乐曲充满柔和、典雅的氛围，仿佛小溪在缓缓地流淌。	通过教师的现场演奏，学生初步感受《小步舞曲》音乐风格，为下面古钢琴版的聆听奠定基础。

续 表

教学环节	教师活动	学生活动（课件和微课截图）	设计意图
初听音乐	接下来请同学们带着老师的问题一起聆听古钢琴与乐队版本。 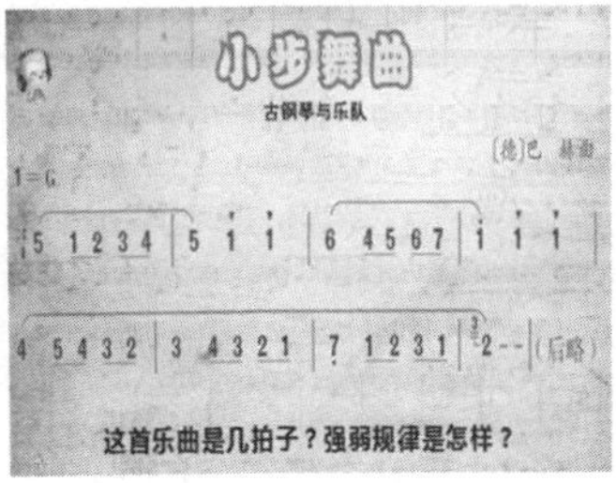 	学生聆听后回答。 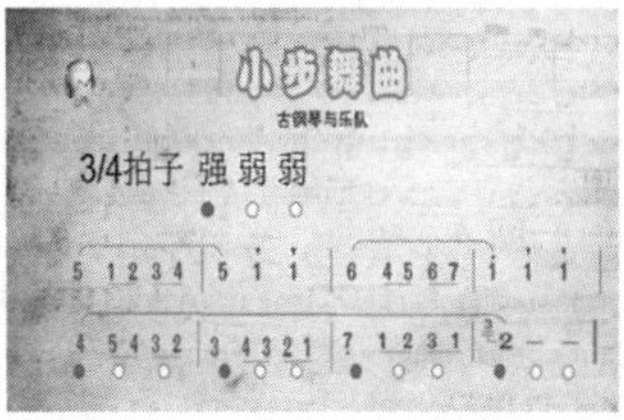 	
深入学习	你们能用怎样的动作来表示强弱弱的节拍关系呢？ 一起来读一读下面的节奏。 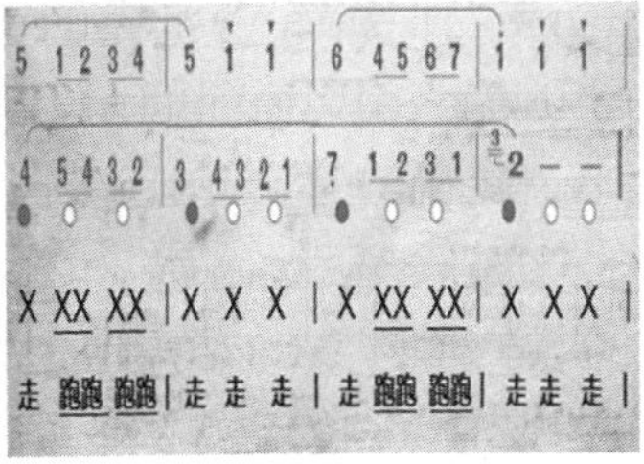 	学生自主发言、做动作。 × ×× ×× | × × × | 走 跑跑 跑跑 | 走 走 走 |	能通过聆听判断乐曲的拍子：三拍子，并且用自己的身体和语言创造出三拍子，从而加深感受和体验拍子特点。
	下面请看老师是用怎样的动作来表示强弱关系的：老师用杯子、拍手、捻指等做第一组杯子舞。	学生观看后并学习。	教师启发学生一起读、拍节奏练习，让学生体验小步舞的节奏特点，并为后面舞步的学习奠定基础。

续 表

教学环节	教师活动	学生活动（课件和微课截图）	设计意图
深入学习	跟着音乐做杯子舞，为音乐伴奏。	学生跟着老师的钢琴声学唱主题旋律。	通过学习第一组杯子舞动作，为乐曲伴奏，让学生体验伴奏的快乐，并为后面全曲的伴奏奠定基础。
	下面请同学们跟着老师的钢琴声来唱一唱这一主题旋律吧。 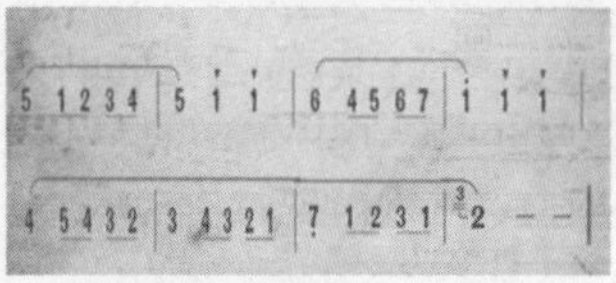		
	学习《我们大家跳起来》。 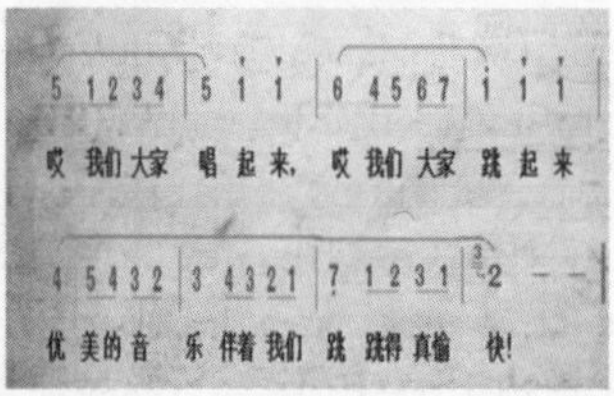 	学生演唱《我们大家跳起来》。	通过演唱主题旋律，让学生明晰音乐主题，并为后面乐曲的分段打下基础。
	下面让我们一起感受一下小步舞的魅力吧！请同学们跟着视频一起跳起来吧！	学生跟着“小老师”跳起小步舞（三步舞）。	让学生把《小步舞曲》和《我们大家跳起来》联系起来。
	接下来请同学们再次聆听，并为《小步舞曲》分段。 两段有什么区别?	回答：两段。 第一段旋律以级进与跳进交替、连音与顿音相间，十分活泼；第二段与第一段没有太多对比，只是音区提高，力度增强，情绪更加明朗。	通过聆听，让学生学会为乐曲分段，并说出自己的感受与依据。
	杯子舞总共有两组动作，我们复习一下第一组动作吧。好了，下面我们来学第二组动作。	复习第一组动作，学习第二组动作。	
拓展			通过拓展，明晰三拍子音乐的风格特点。

【教学反思】

《小步舞曲》是本套教材设计的第一单元的歌曲。本单元力图通过欣赏、唱歌、实践和创编等多种教学内容，引导学生感受音乐作品中明快的旋律和强烈的节奏，增加学生对不同舞蹈类型的认识，丰富学生的音乐体验，并进一步培养学生的韵律感和节奏感。

本节课在教学环节首先播放《小步舞》视频，教师提出问题：大家看到了什么？师生进行交流，设计意图主要是让学生了解小步舞这种舞蹈，并且能够听辨出小步舞的伴奏乐器，来调动学生的学习积极性。在新歌曲的教学环节突出“听”，通过听来感受三拍子的特点，并初步学唱歌曲，让学生学习小步舞曲的旋律，掌握小步舞曲的拍子特点，抓住这种音乐的风格特点，通过聆听和感受加深对伴奏乐器音色的掌握。重难点的突破是：教唱难点的第二句和第四句的结尾部分，大多数学生在没有比较的情况下很容易把两个结束的句子混淆在一起，通过教师的教就可以很准确地演唱歌词。在拓展和实践环节，教师简单编写了二声部的旋律，为下节课二声部的教学打好了基础，学生也感受到二声部带来的音乐变化，激发了学生的学习热情。

本节课的设计很平淡、很朴实，在教学方法的选择上突出了音乐性，重视了音乐要素在音乐中的作用。确立的教学目标：①指导学生学会有方法和有情绪地演唱表现歌曲《小步舞曲》。②通过演唱，提高学生准确听辨三拍子音乐的能力。③感受小步舞的音乐风格。④引导学生听辨西方乐器的音色，鼓励学生多聆听西方音乐作品，热爱西方音乐文化。